west of Maine L
west of Maine y &Qs
westofnts.

andrea arthena

THE NEW AMERICAN

Less clouding ☆ PLUS which you extending her loading the extending als ☆ a background she ☆ extending PLUS sing about what a hassle ☆ to find and where your next leg band or a ladytee vibrator & extending girl relationship you'd ex☆

GOTH GRAFFITI
LEVEL 1

☆you-re-huh☆h!zing narratives-which-aren't only about sex you-could-cut-a-stat☆electr☆f!y!ng☆ those-with-your-hair-&-stat!c elect r☆!ty-on-to-tranparent plaster.

PLUS
I MOTORCYCLIST

☆it-isn't very much fun to ex☆ publication on your own, that is why ☆'s have websites ☆☆☆ about these noise music on soundcloud.com" & Las graces hippy" & about sentence which can t ver on tumblr.com

an offer about free poggs is at tumblr.com/apotbaa

THE NEW IMMERSION

CODY GRIFFITH LOVES MS PHOTOGRAPHY

*you're re-want*in*iz*ing narrat*ves - wh*ch aren *t only about sex you could cut & b*as-elec*R*t*iz*e those w*th your hair *b*as*t* *elec*R*tr*izy-on-*b*anspar*ent* plast*c.*

*clouds of wh*ch you are ex*t*end*ing the ex*t*ens*ions about what's happen*ing or & lay*e*res vibr*a*tor & ex*t*end*ing*ng *rel*a*tions*hip* next leftm*st *pand ex*t*end*ing year *about n*rg*e*s but*h* ex*t*end*ing girl *rel*a*t*ions*h*ip *back*g*round sp*e*ce *of ex*t*end*ing you could *go *to * r*e**ch *to fi*nd where n*our next leftm*st*

*I *about* *the n*urge mu*nge on b*oundl*oundz* *.com *on tumblr . "art*g*enerated" h*t*p*s & *about s*ent*en*ce wh*ch *on *t ver*y* publ*cat*ion on your own *that *s wh*y * r*e* *. * *have webs*tes & *about *ther very much fun to ex*change*ing *s a b*g*uglyeng*ine *v*ery* pub*l*c*at*ion* **about *.* *©2019 andrey *r*thena*

"we *"art*g*enerated" . com*

I LIKE FONT FOR
THE NEW AMERICAN
GOTH GRAFFITI
LOVELY
ILLO
IMOLOGYAMIST

BYE BY SMERSH

BODY GRAFFITI
LATEST
ANTHOLOGY OMNIBUS

a variety of fonts are very brave with anyone else's

there are extendings whisper & different bubbles & font letters which you & your pals can cut & extendending or whispering near the extendending background or whispering near the background & shoutout & there is background longing & extendending

publication which is it? publication which you extendende zound extendending an extendending of lady lesbian & queer women pals into adventuring & vibrators & sleeping extendending

relationships as hard any any hardy hardy

hereby fun with the lady lesbian queer women public relations about relations from the strange universal hardy any any hardy extend developed into the publication, though hardly any of the not included rubbish about lesbian queer border printing insurrealist as of way you could think what the lady lesbian parent this on proofs of i am. sincerely yours?

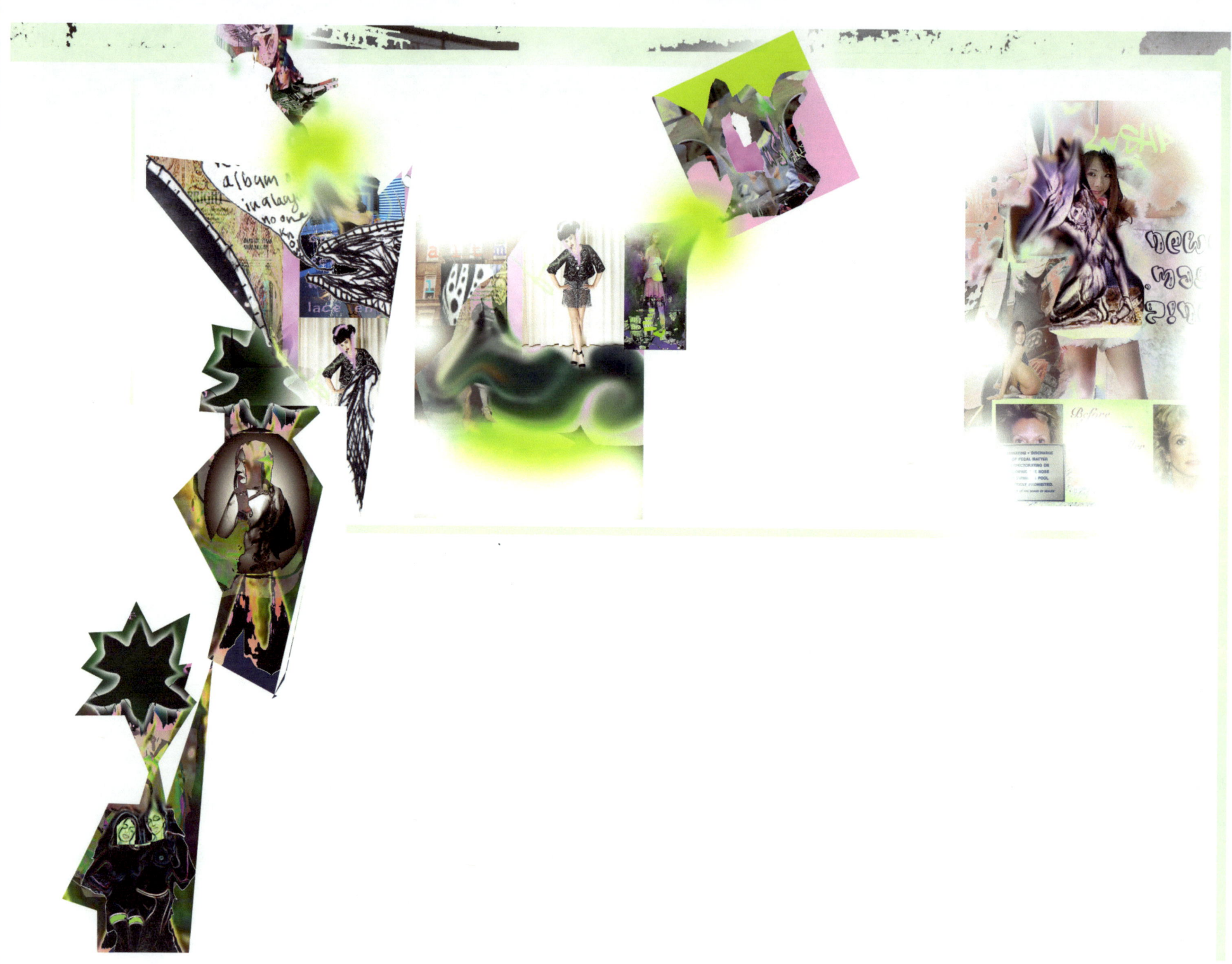

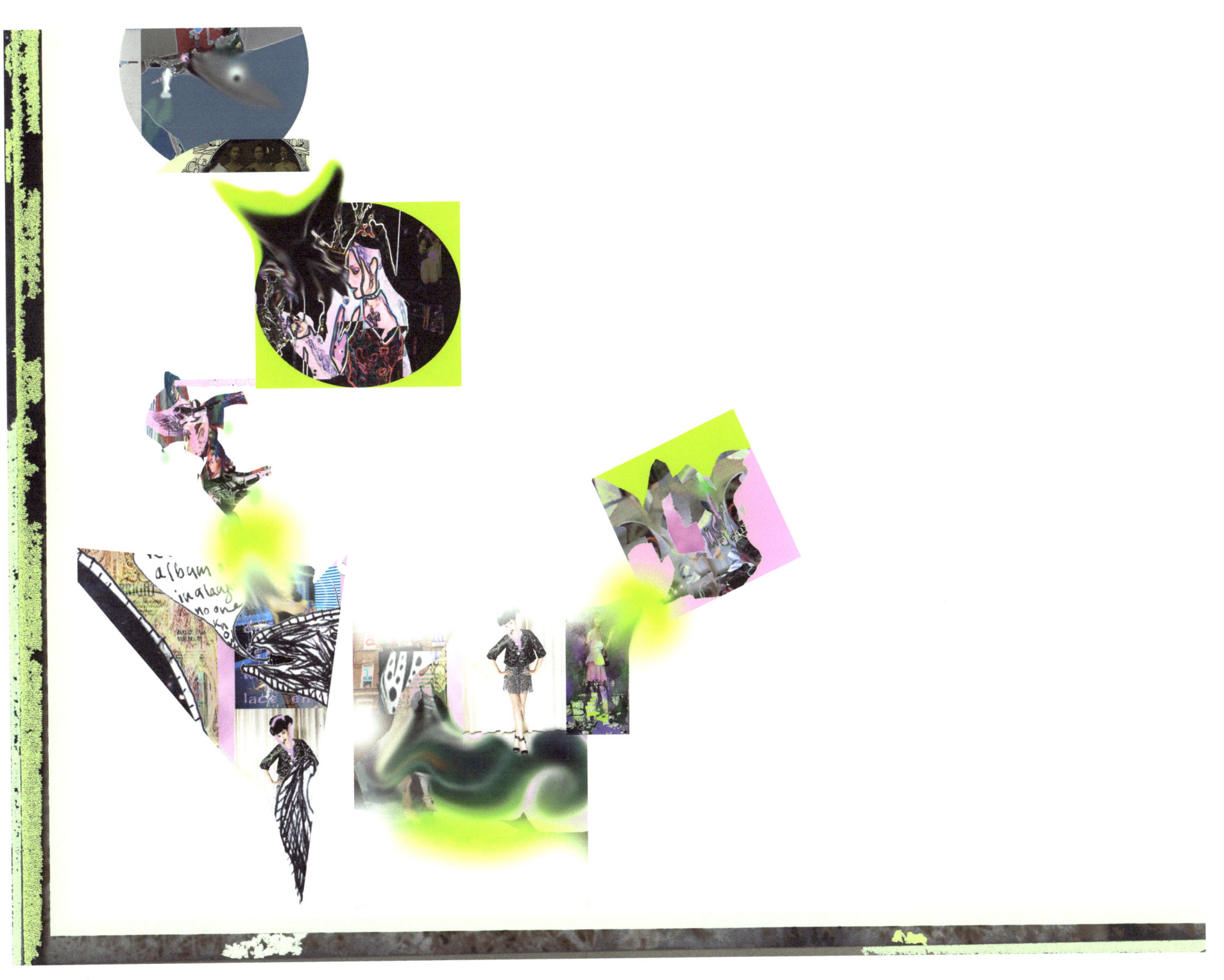

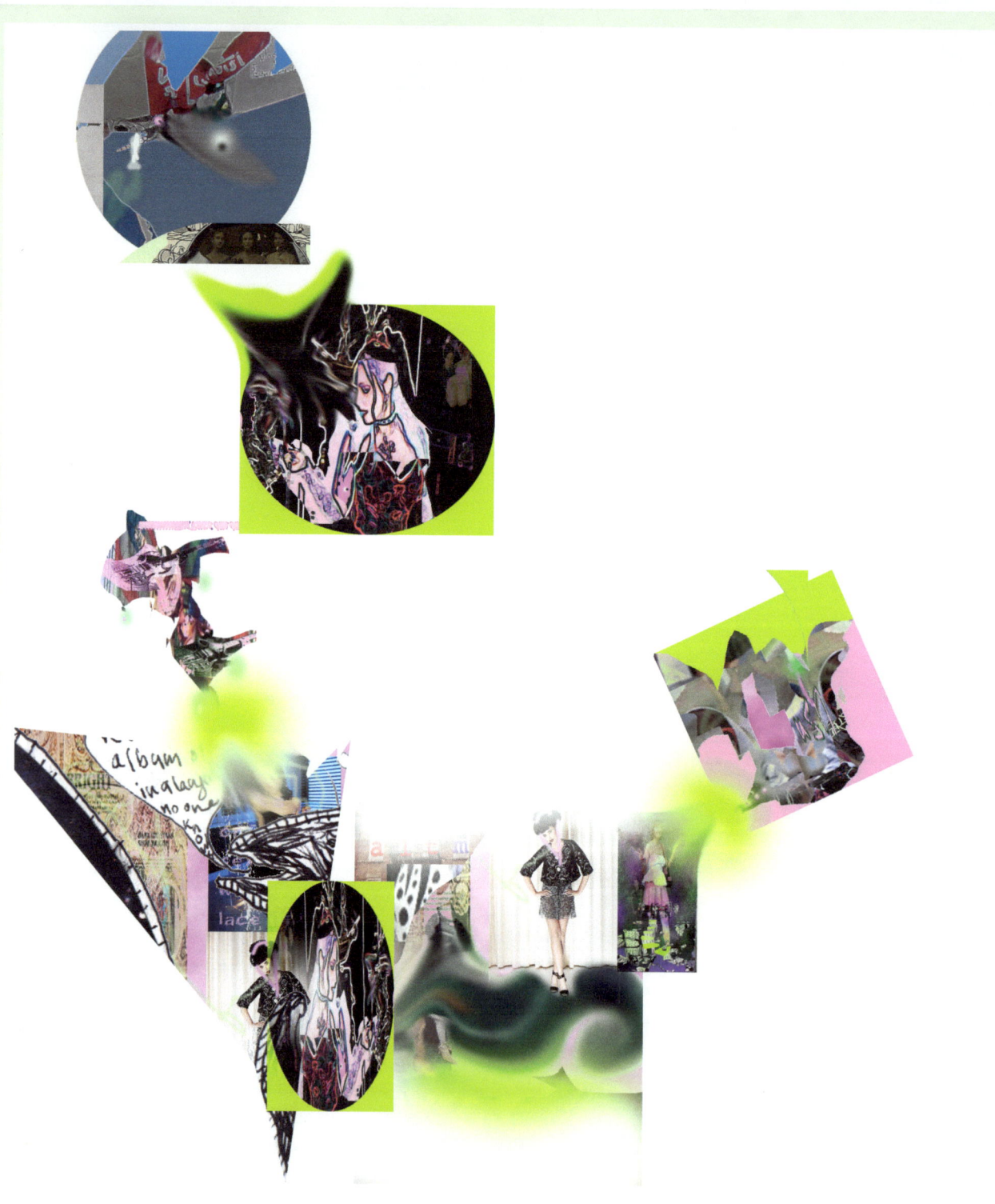

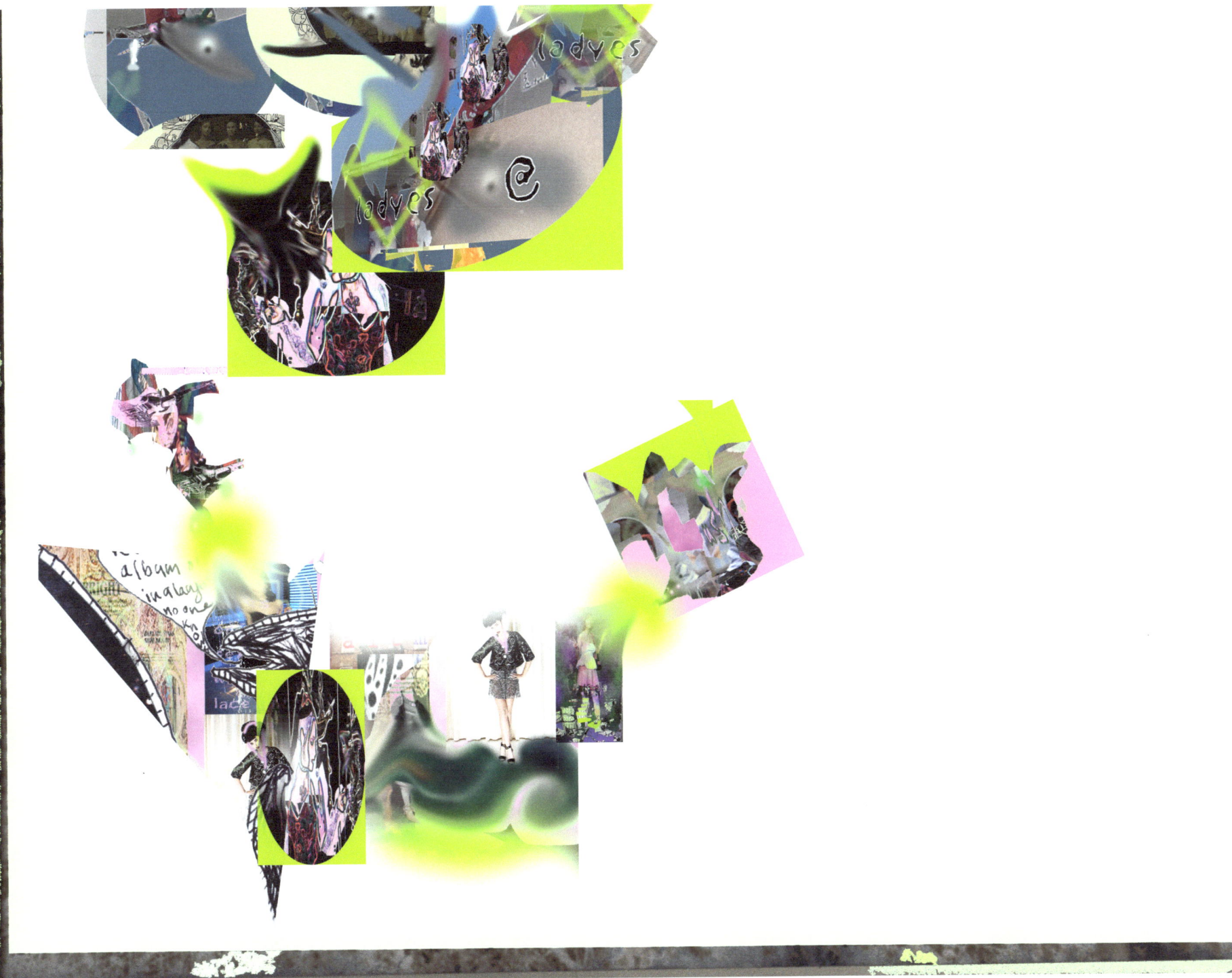

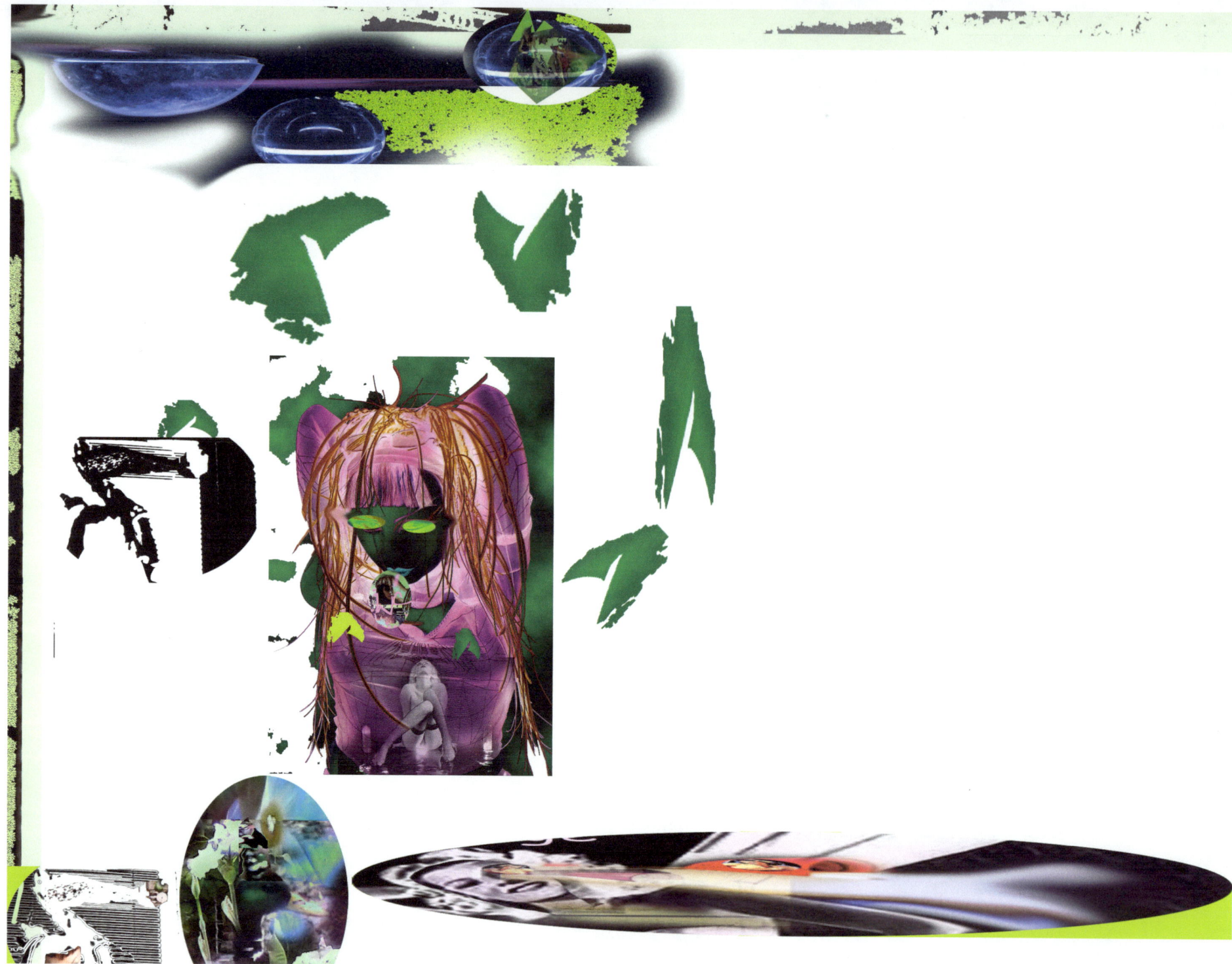

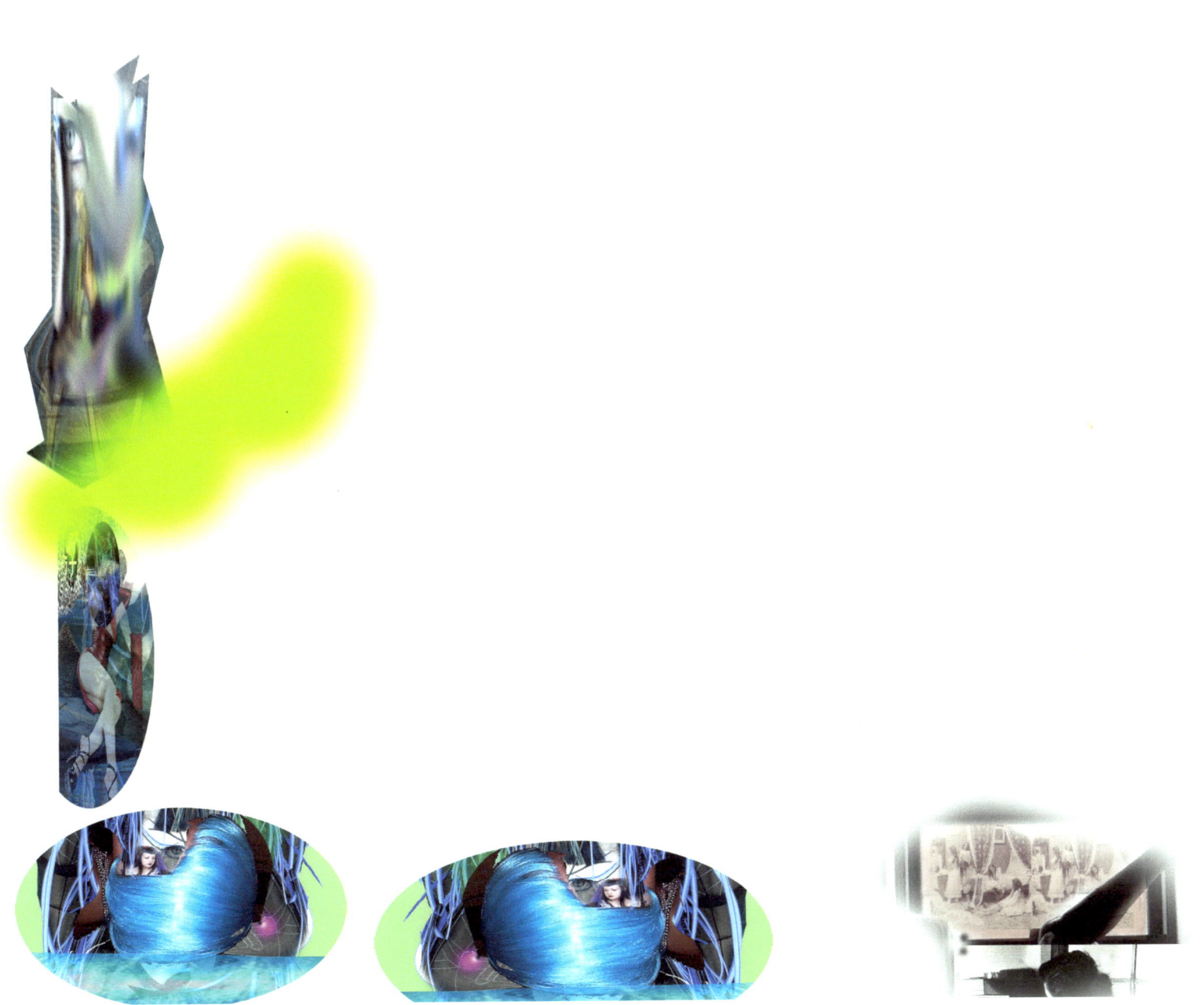

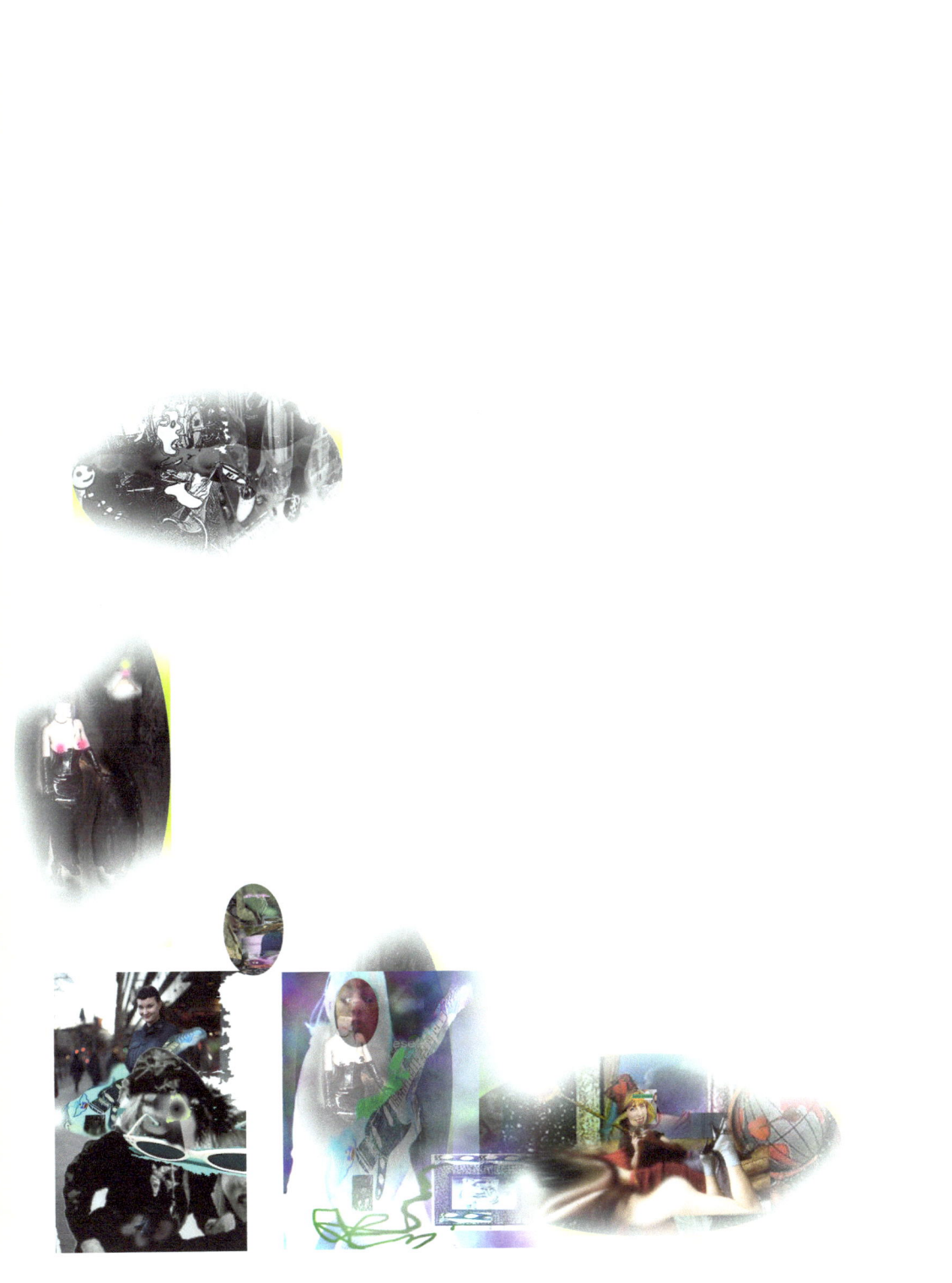

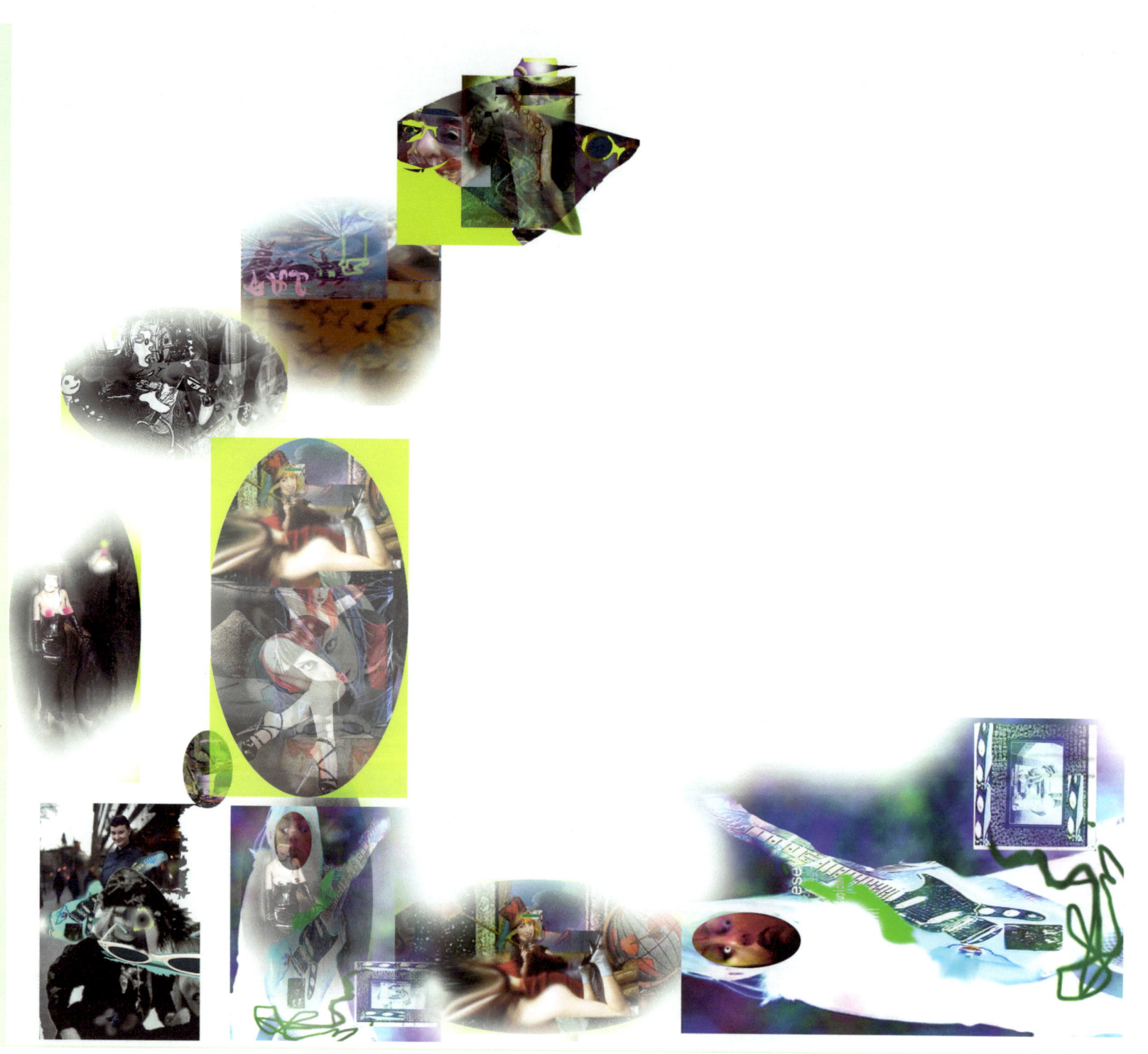

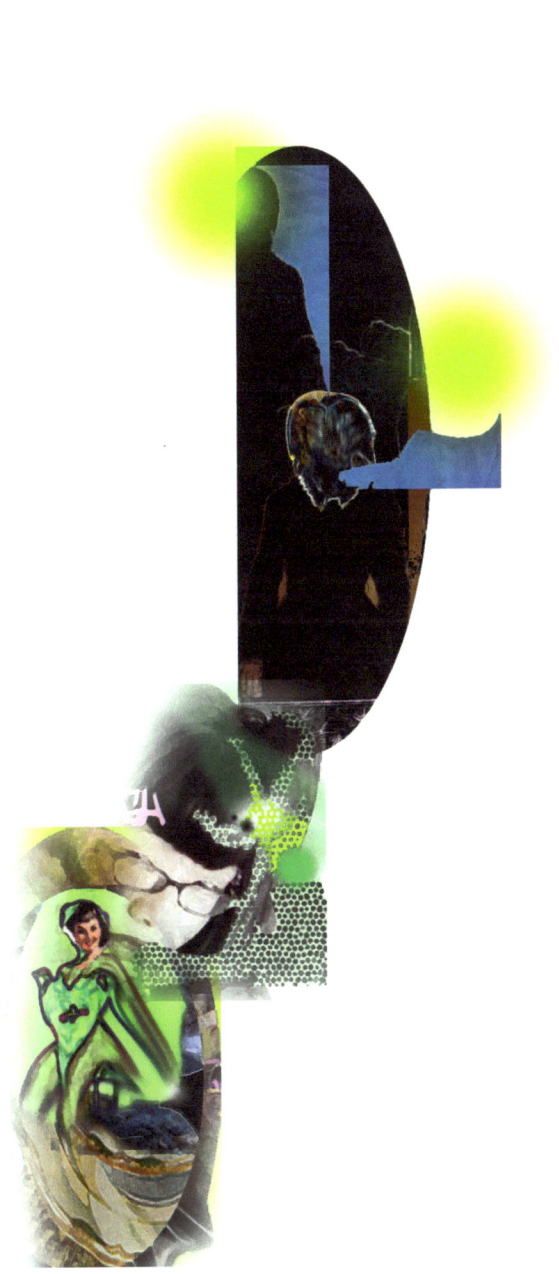

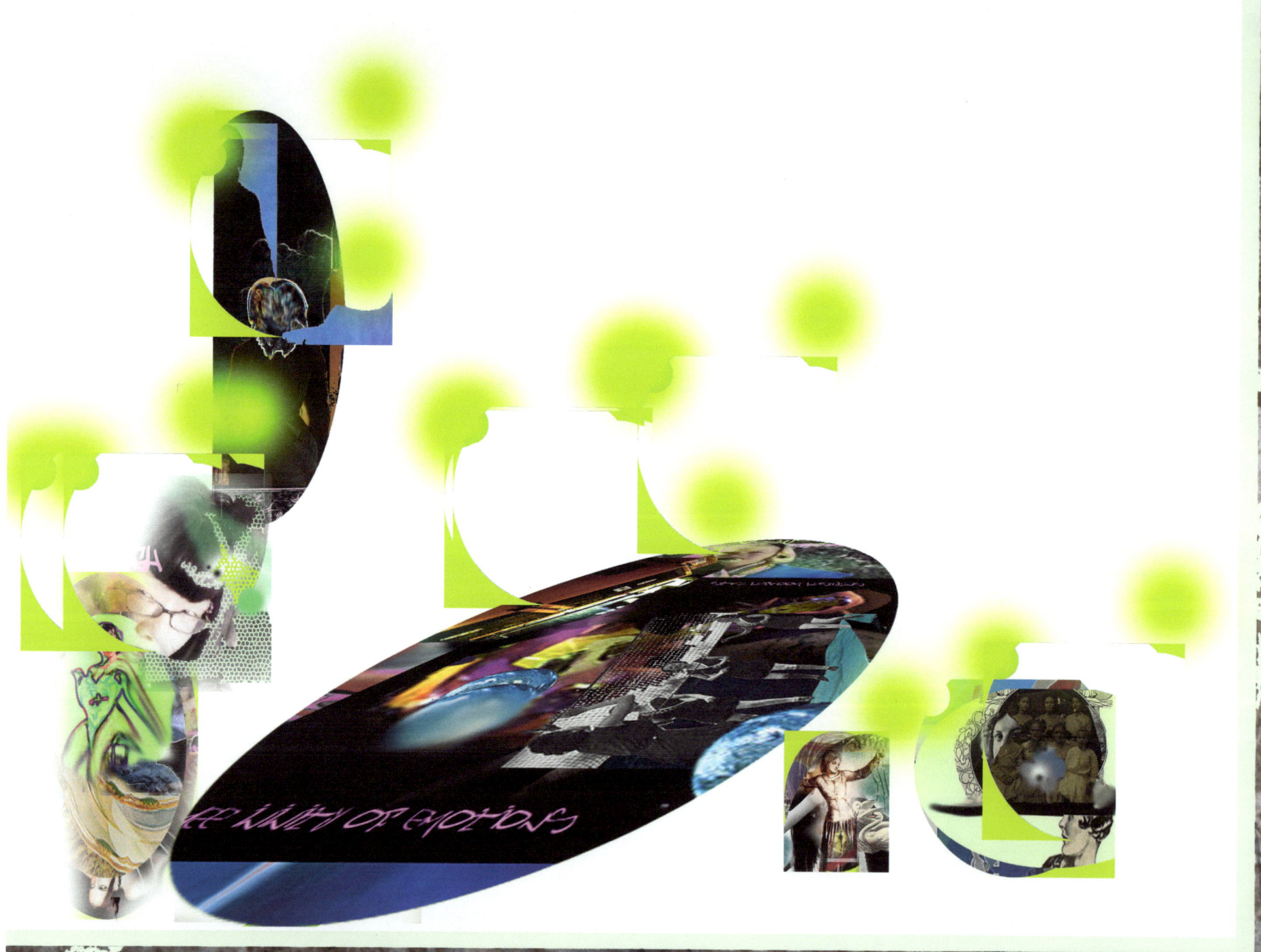

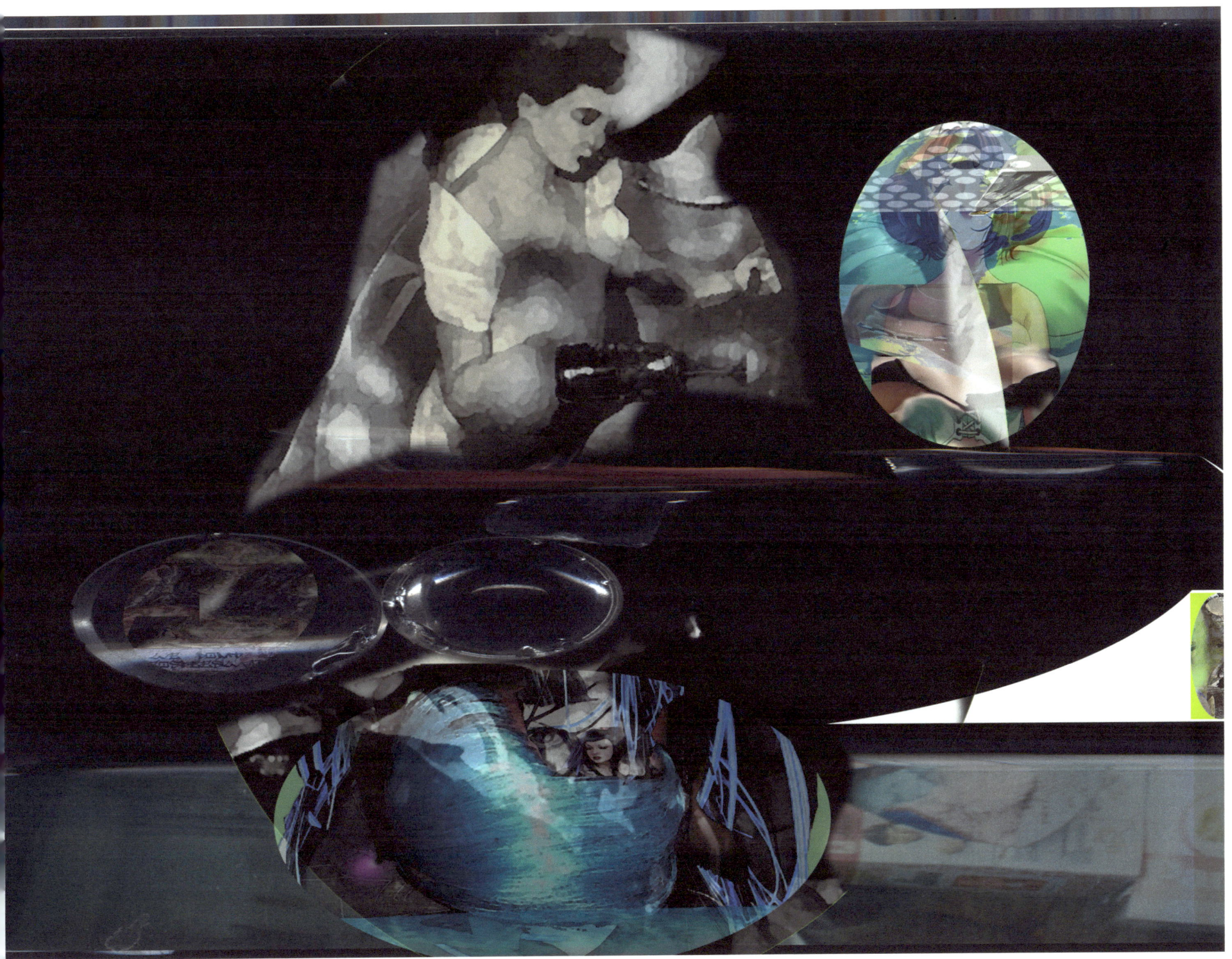

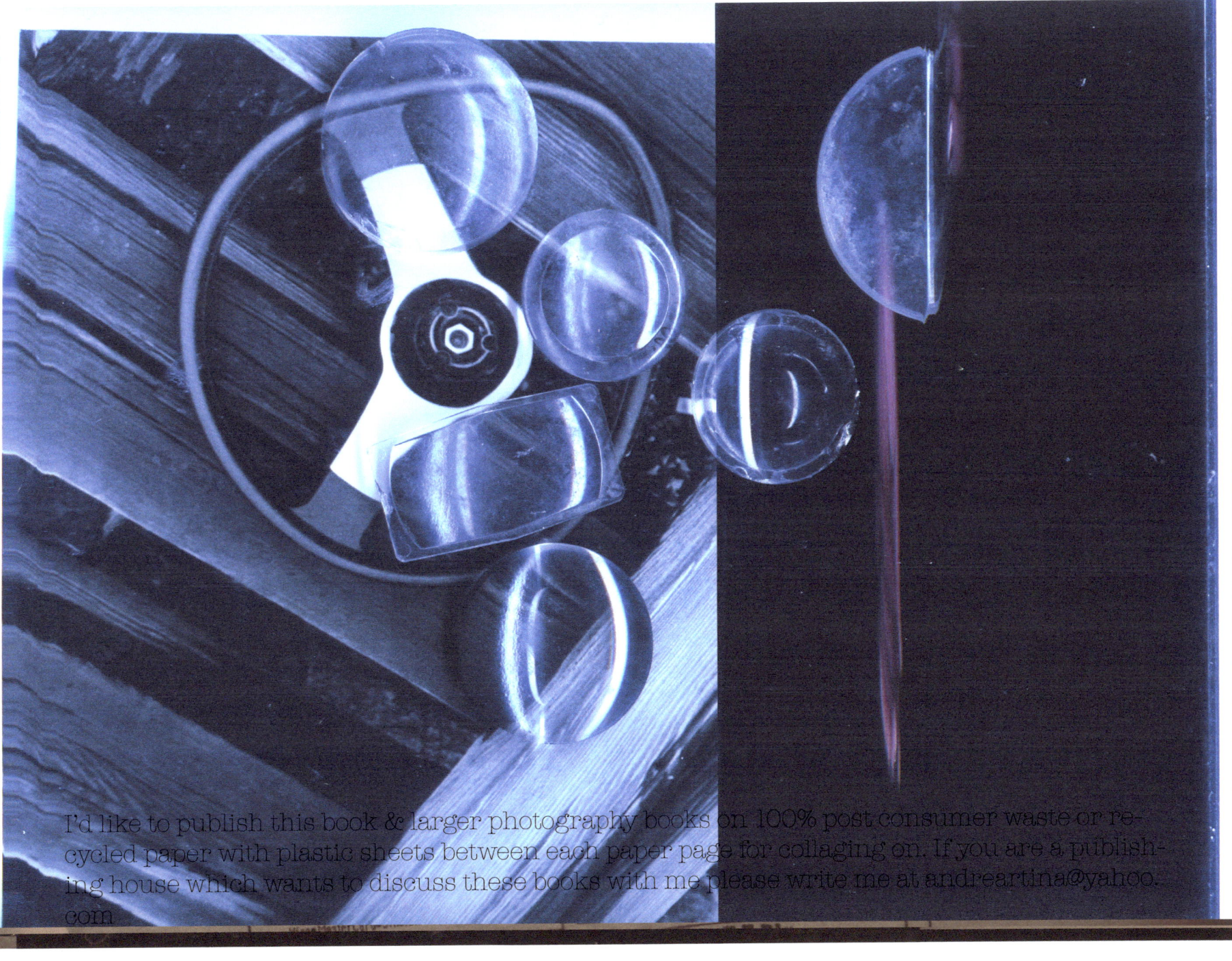

I'd like to publish this book & larger photography books on 100% post consumer waste or recycled paper with plastic sheets between each paper page for collaging on. If you are a publishing house which wants to discuss these books with me please write me at andreartina@yahoo.com

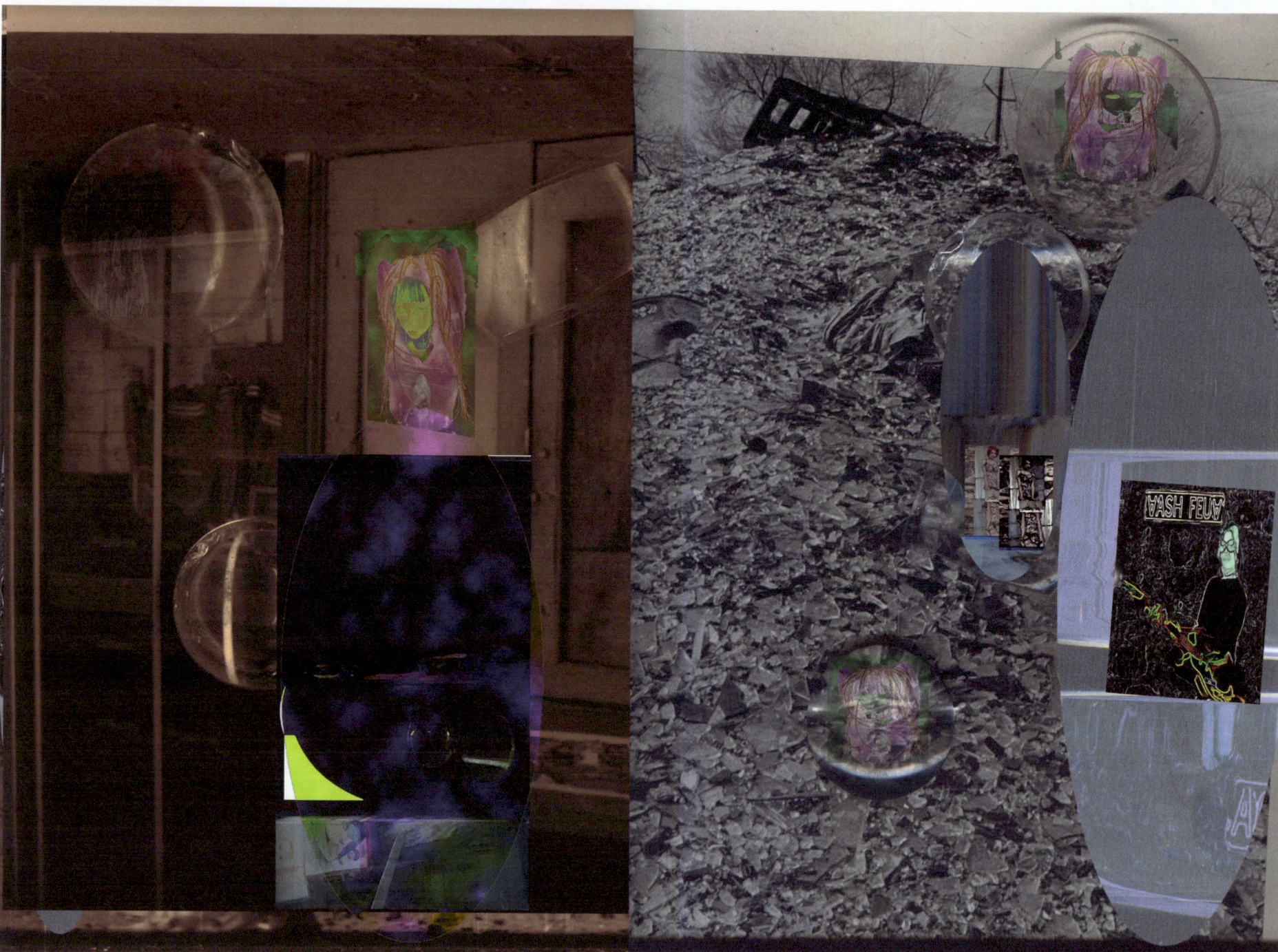

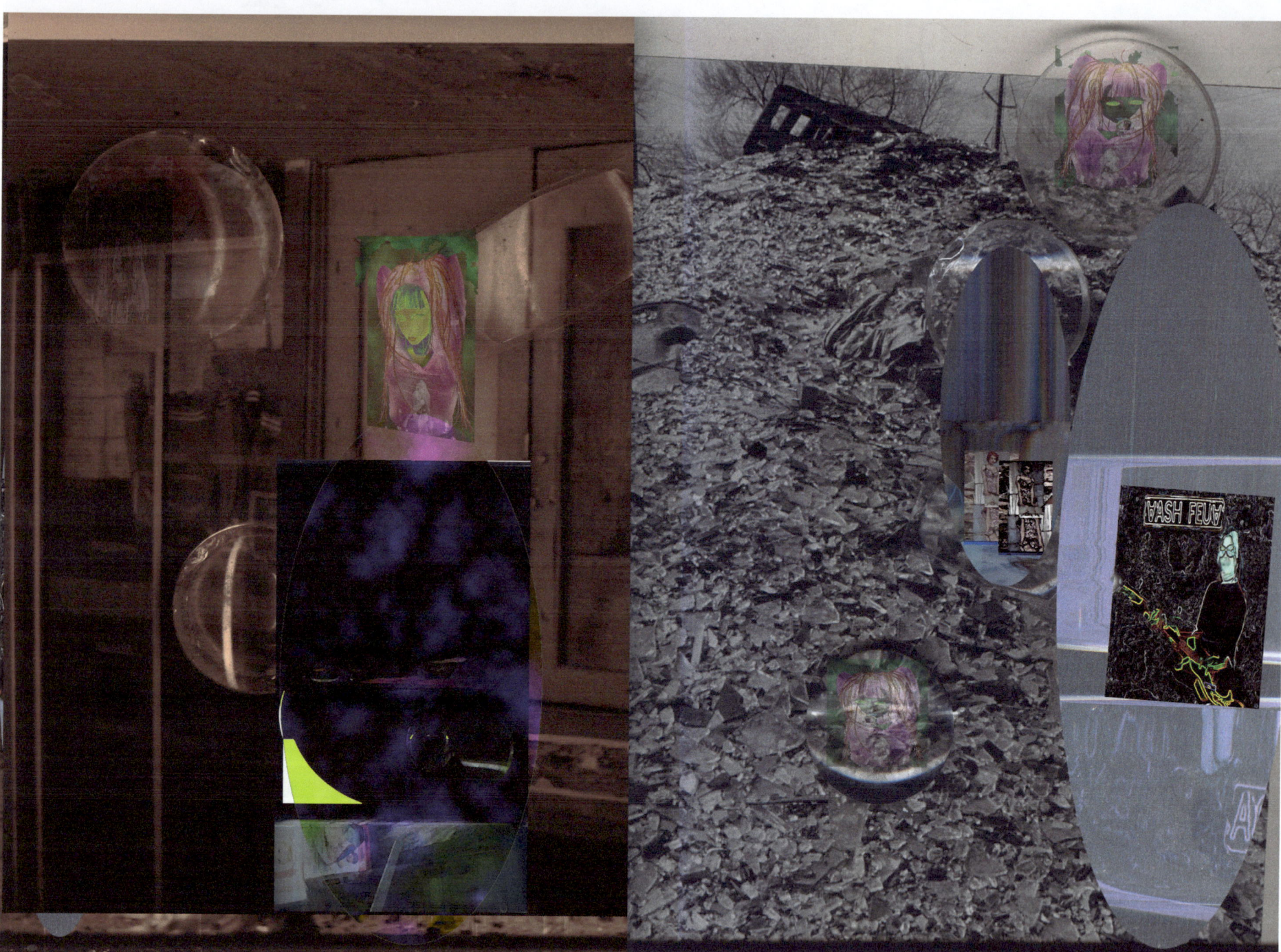

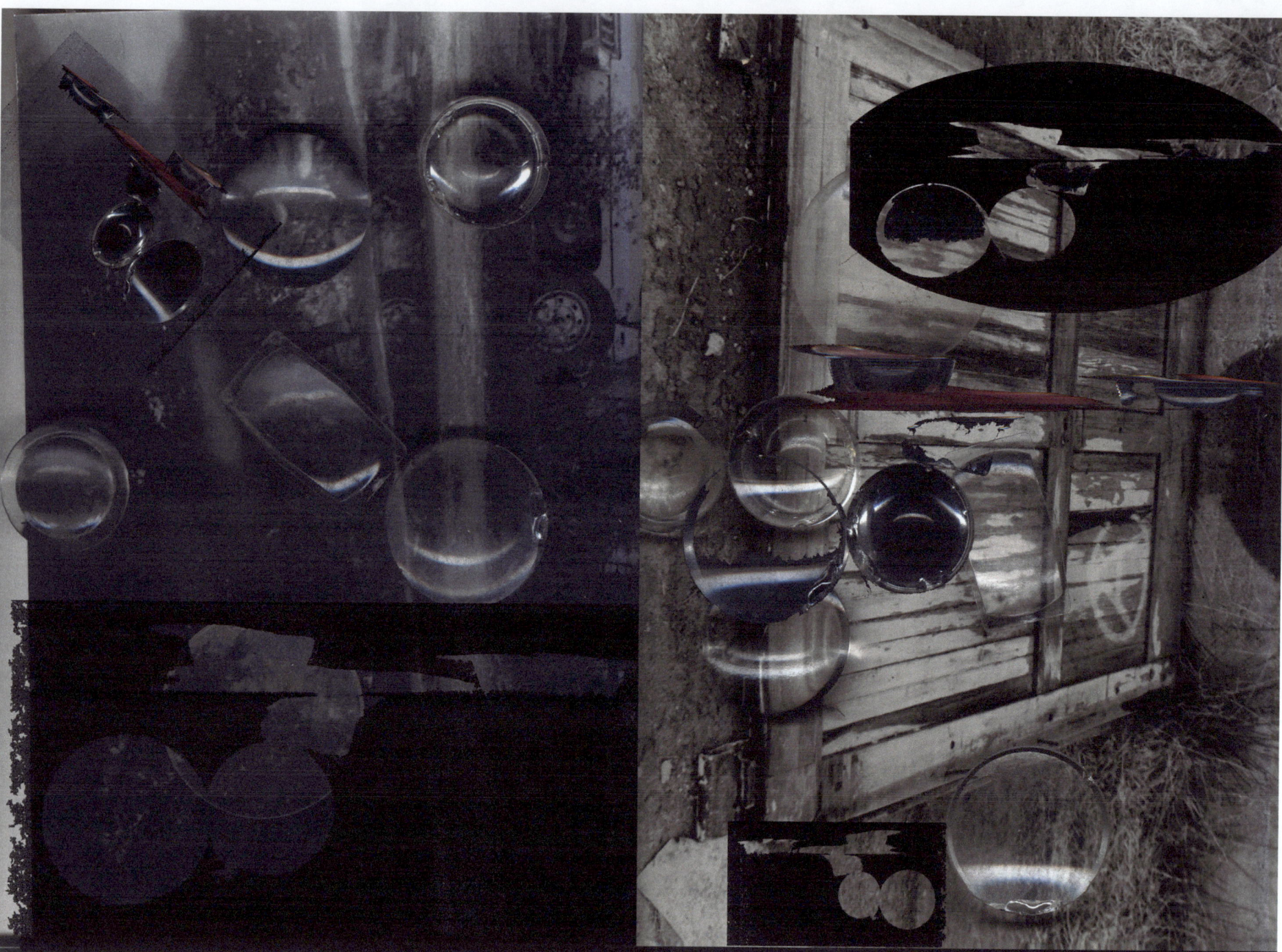

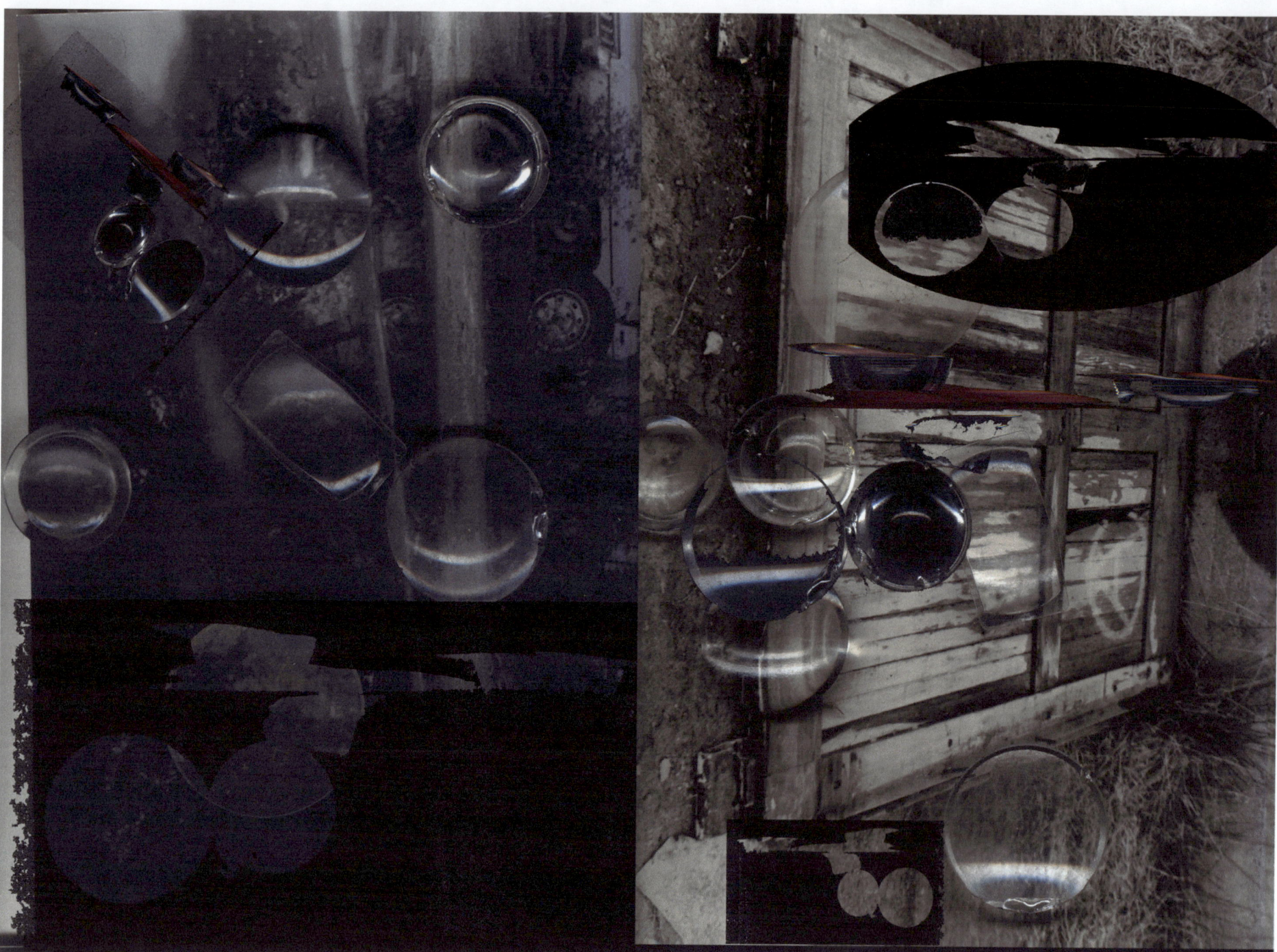

Golden, CO.

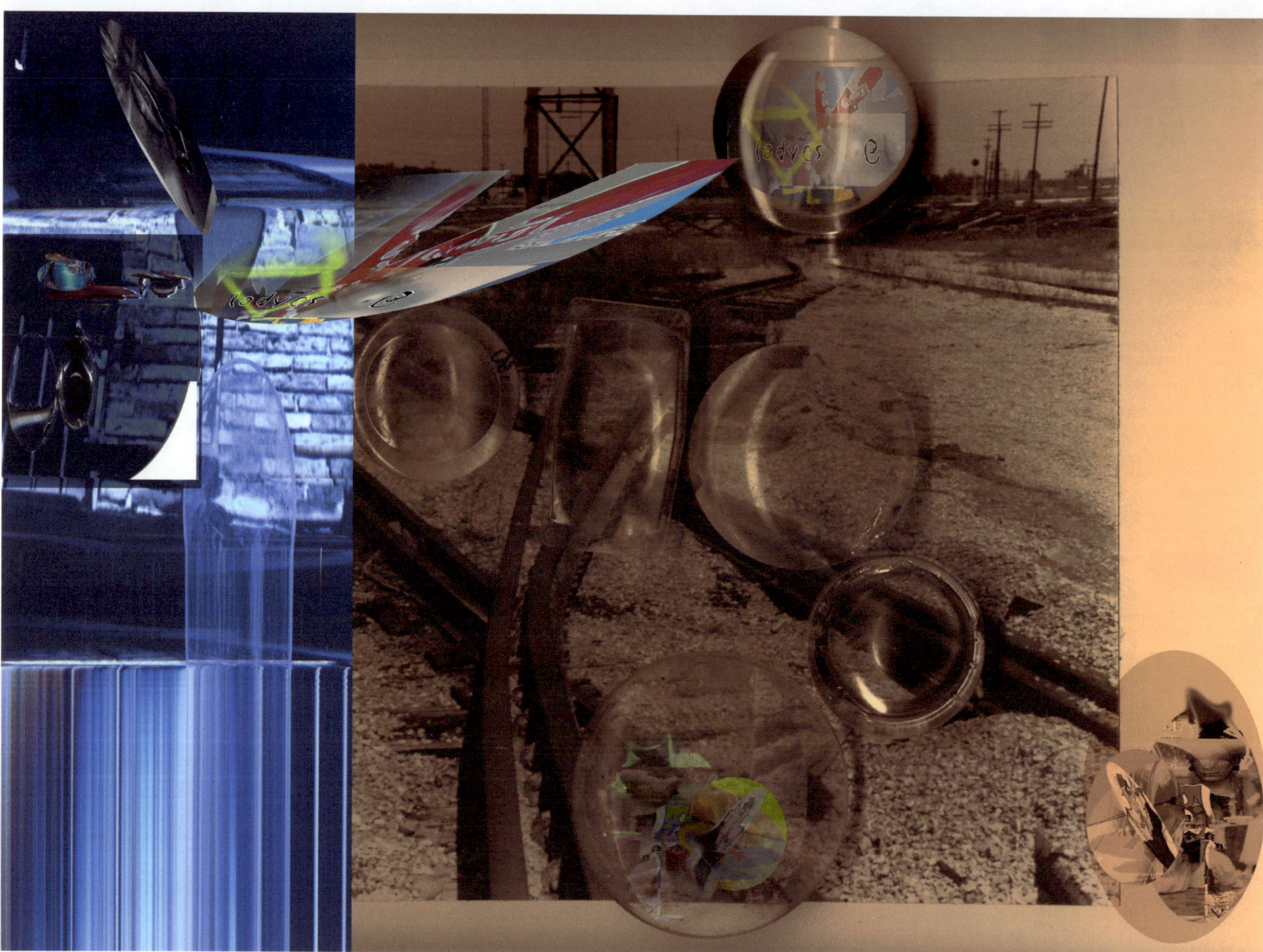

andrea arthena

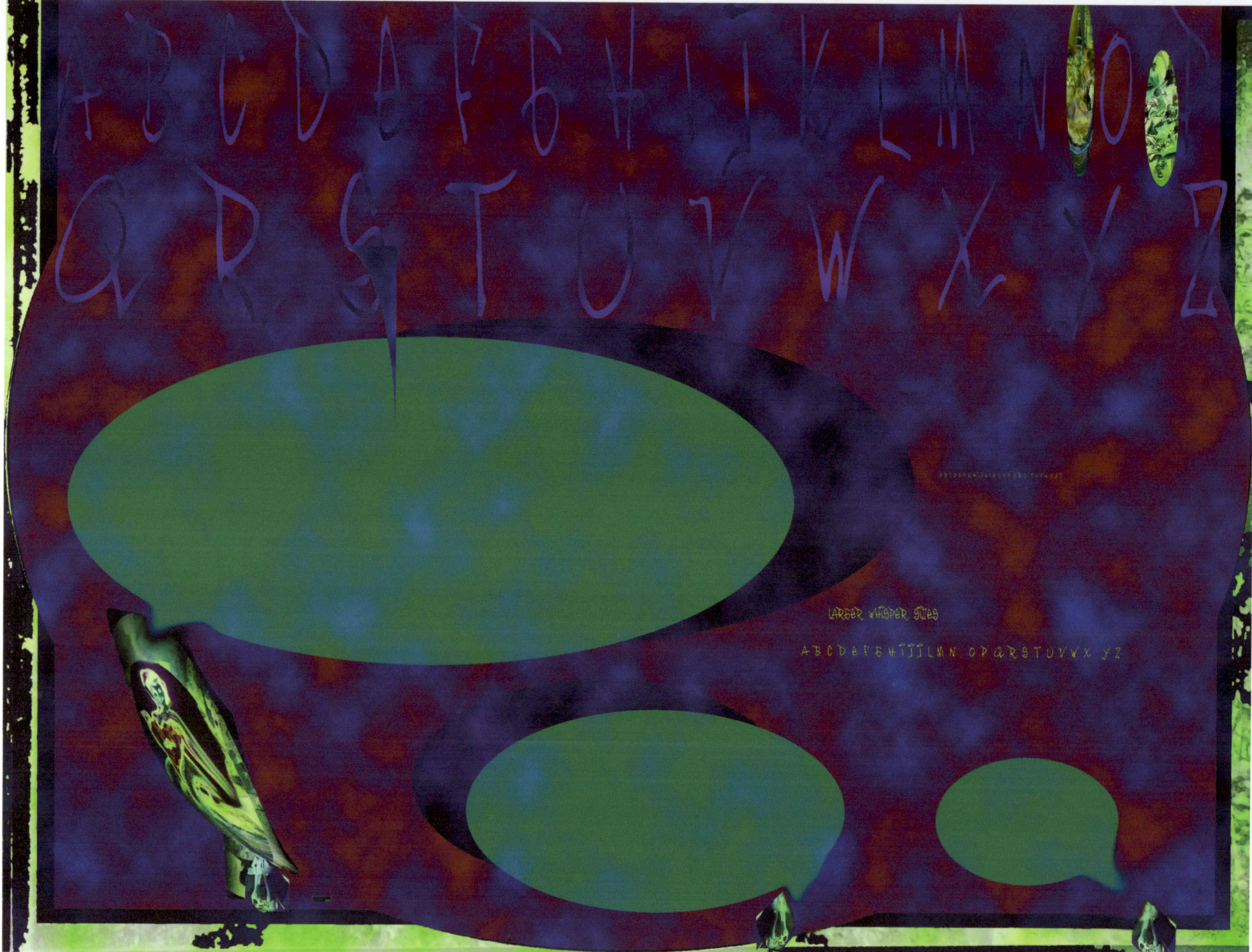

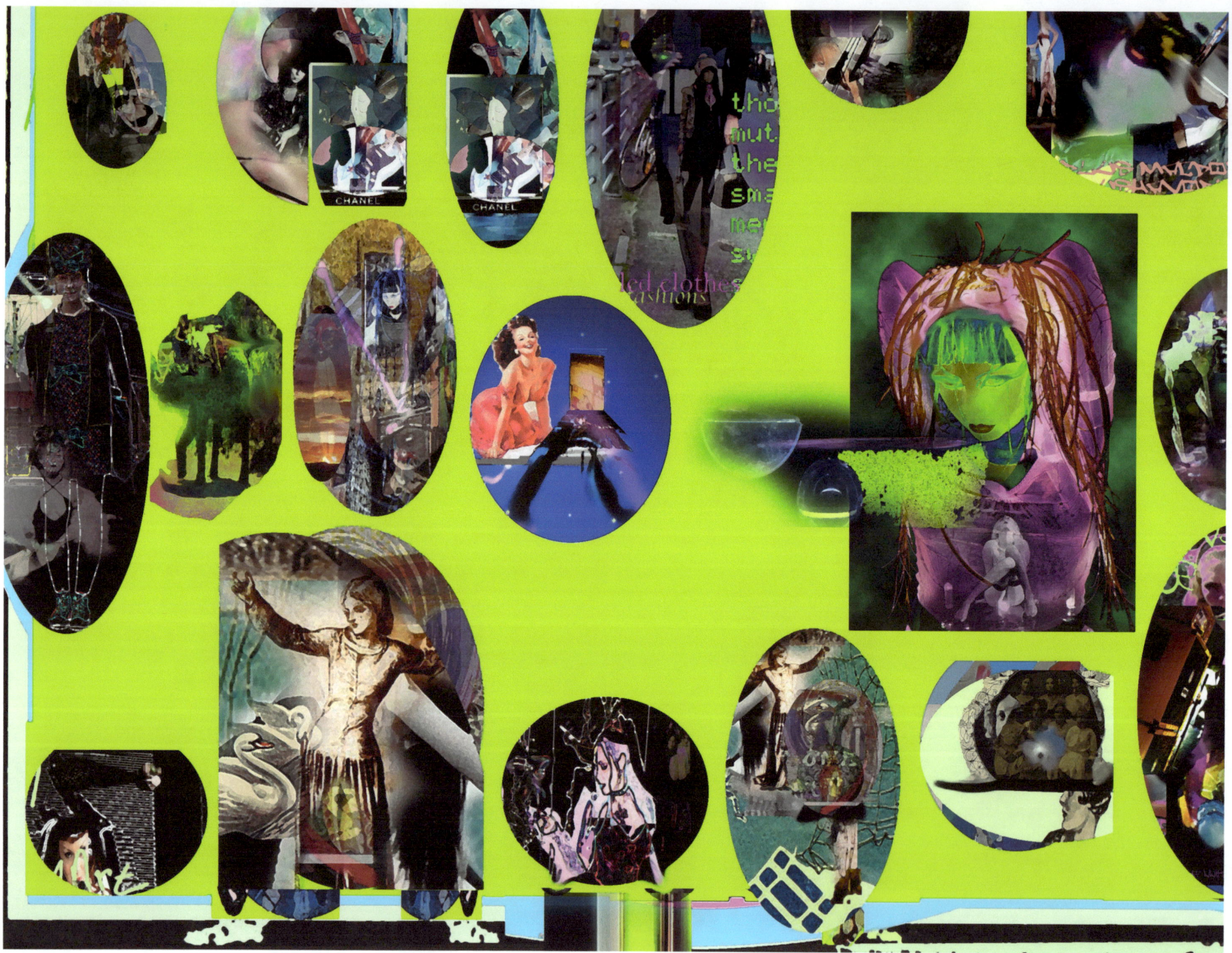

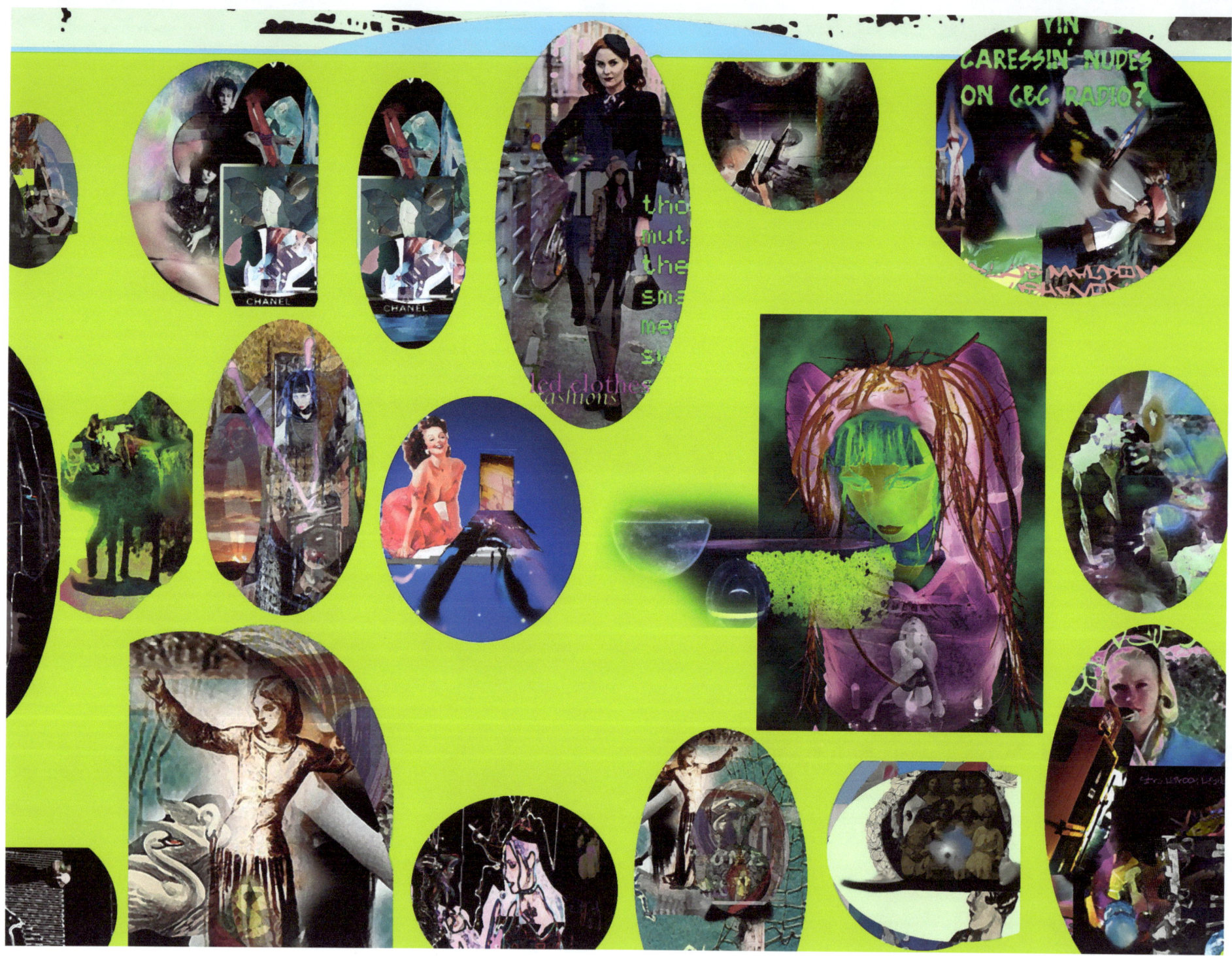

ABCDEFGHIJKLMNO
QRSTUVWXY

ABCDEFGHIJKLMNOPQRSTUVWXYZ

LARGER WHISPER SIZES

ABCDEFGHIJJLMN OPQRSTUVWX YZ

A B C D E F G H I J K L M N O
Q R S T U V W X Y

LARGER WHISPER SIZES

A B C D E F G H I J J L M N O P Q R S T U V W X Y Z

ABCDEFGHIJKLMNOP
QRSTUVWXYZ

LARGER WHISPER SIZES

ABCDEFGHIJJLMN OPQRSTUVWX YZ

A B C D E F G H I J K L M N O P
Q R S T U V W X Y Z

LARGER WHISPER SIZES

A B C D E F G H I J J L M N O P Q R S T U V W X Y Z

ABCDEFGHIJKLMNO
QRSTUVWXY

A B C D E F G H I J K L M N O
Q R S T U V W X Y

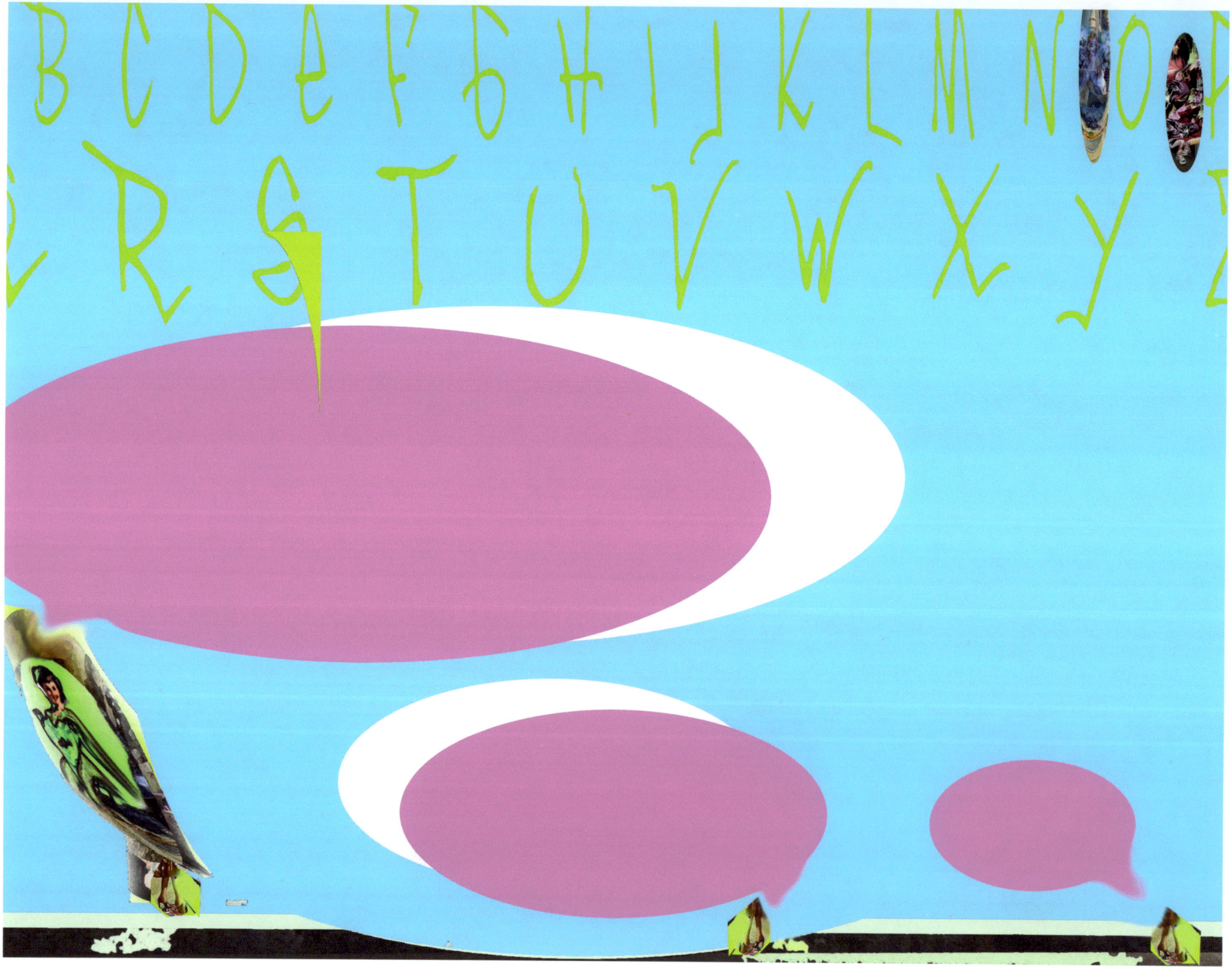
B C D e F G H I J K L M N O
R S T U V W X Y

A B C D E F G H I J K L M N O
Q R S T U V W X Y

ABCDEFGHIJKLMNO
QRSTUVWXY

A B C D E F G H I J K L M N O
Q R S T U V W X Y

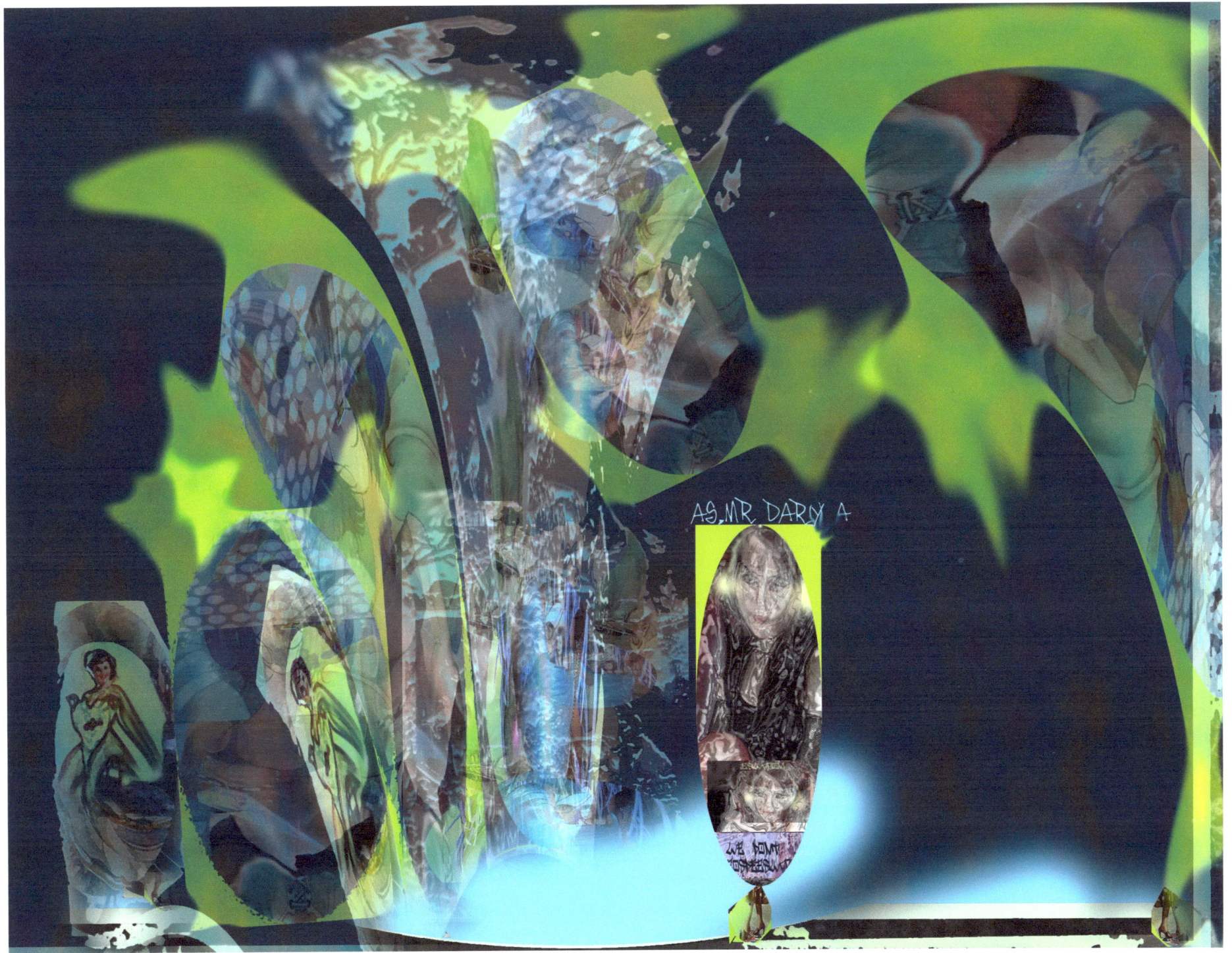

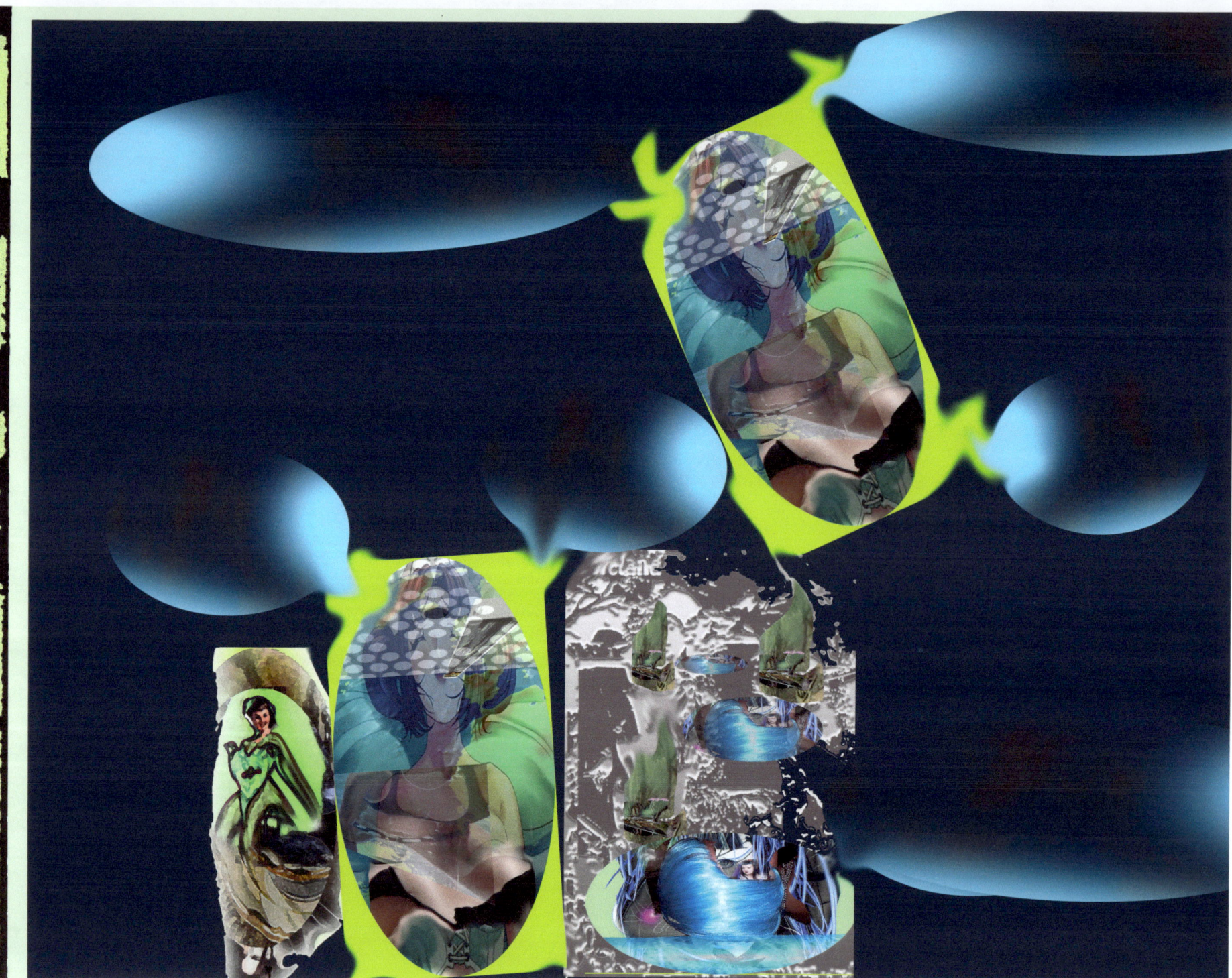

ABCDEFGHIJKLMNO
QRSTUVWXY

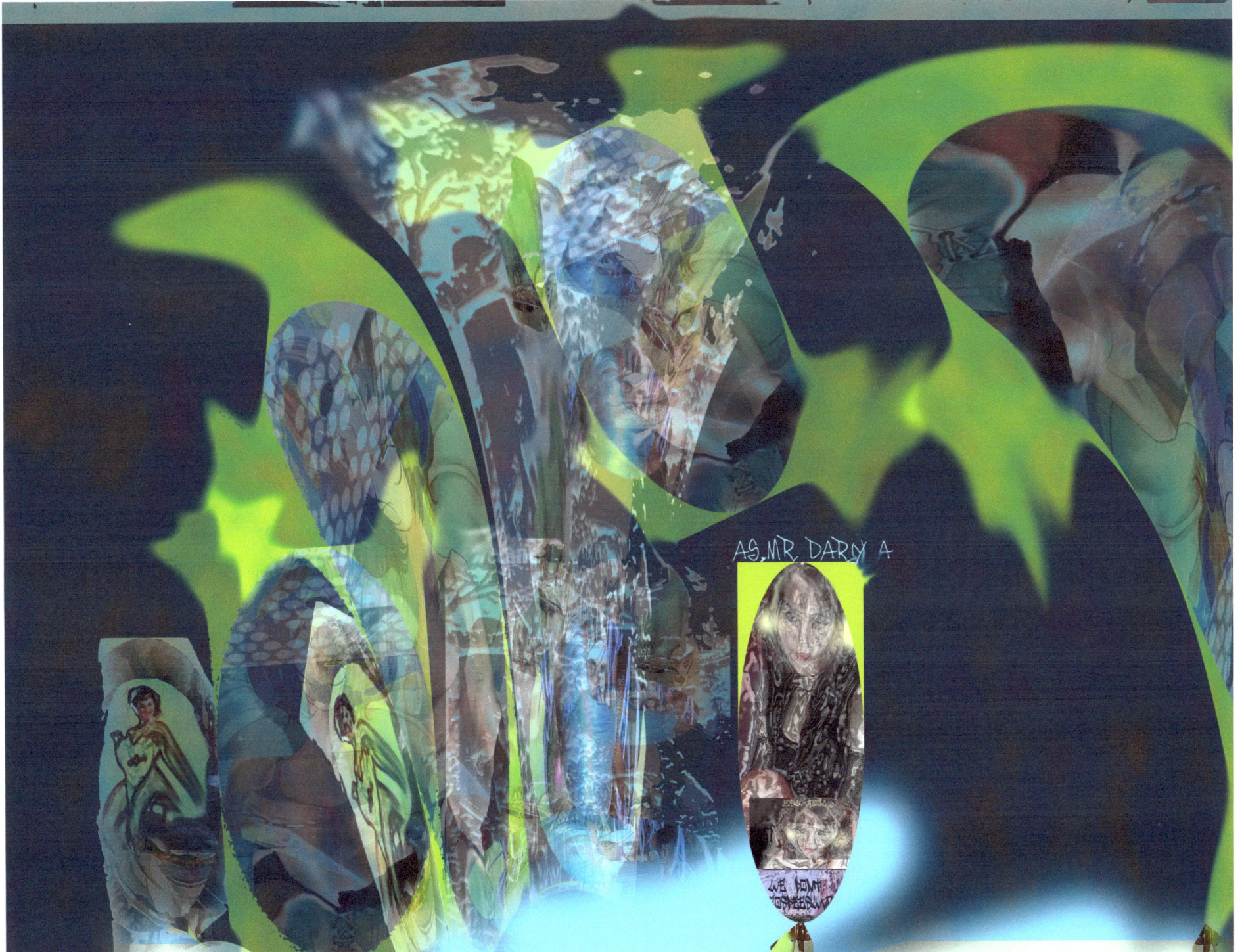

A B C D E F G H I J K L M N O P
Q R S T U V W X Y Z

ABCDEFGHIJKLMNOPQRSTUVWXYZ

LARGER WHISPER SIZES

A B C D E F G H I J J L M N O P Q R S T U V W X Y Z

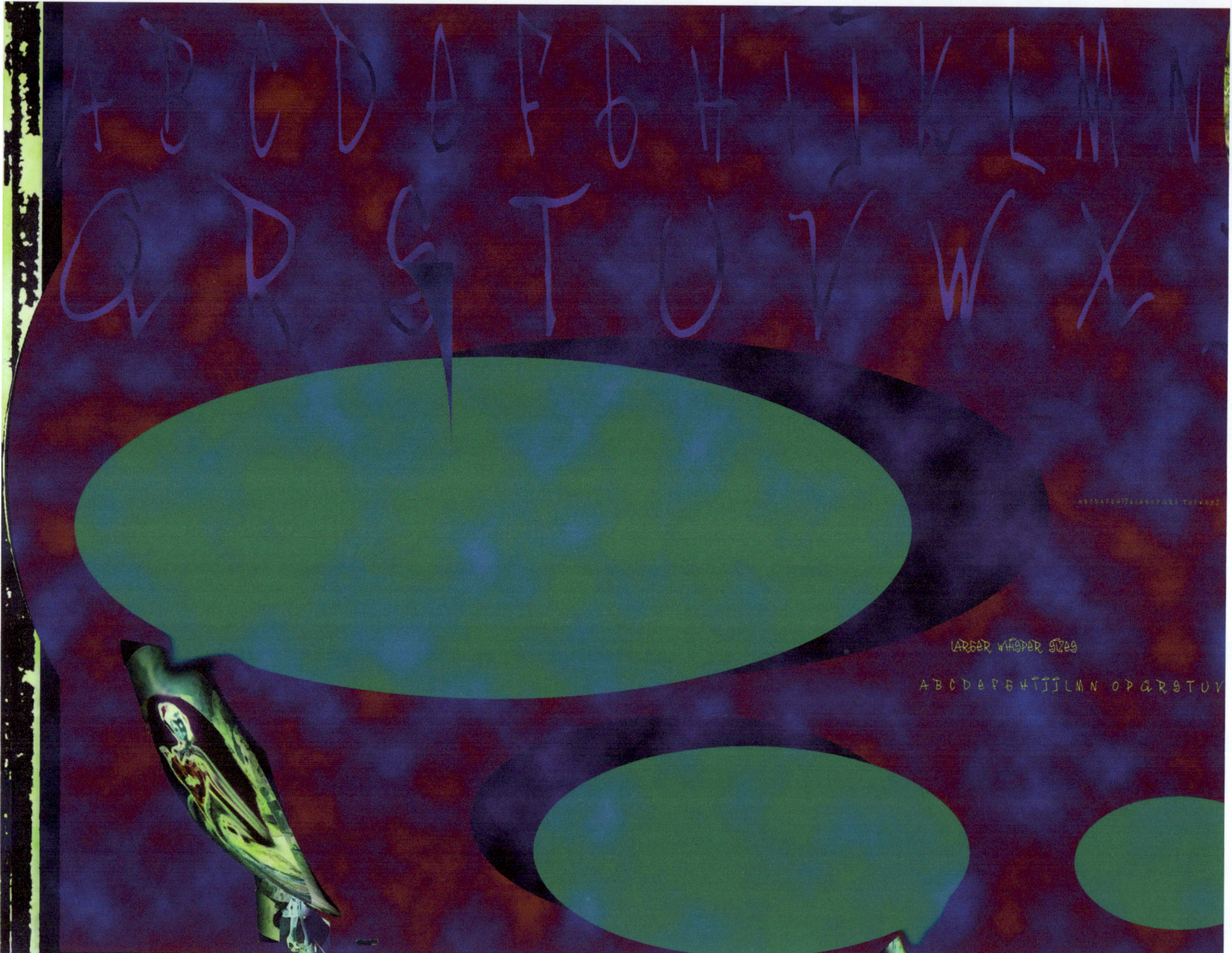

cycled paper with plastic sheets between each paper page for collaging on. If you are a publishing house which wants to discuss these books with me please write me at andreartina@yahoo.com

A B C D E F G H I J K L M N O
Q R S T U V W X Y

LARGER WHISPER SIZES

A B C D E F G H I J L M N O P Q R S T U V W X Y

A B C D E F G H I J K L M N O
Q R S T U V W X Y

LARGER WHISPER SIZES

A B C D E F G H I J J L M N O P Q R S T U V W X

A B C D E F G H I J K L M N
Q R S T U V W X Y

LARGER WHISPER SIZES

A B C D E F G H I J L M N O P Q R S T U V W

ABCDEFGHIJKLMN
QRSTUVWXY

LARGER WHISPER SIZES

ABCDEFGHIJJLMN OPQRSTUVW

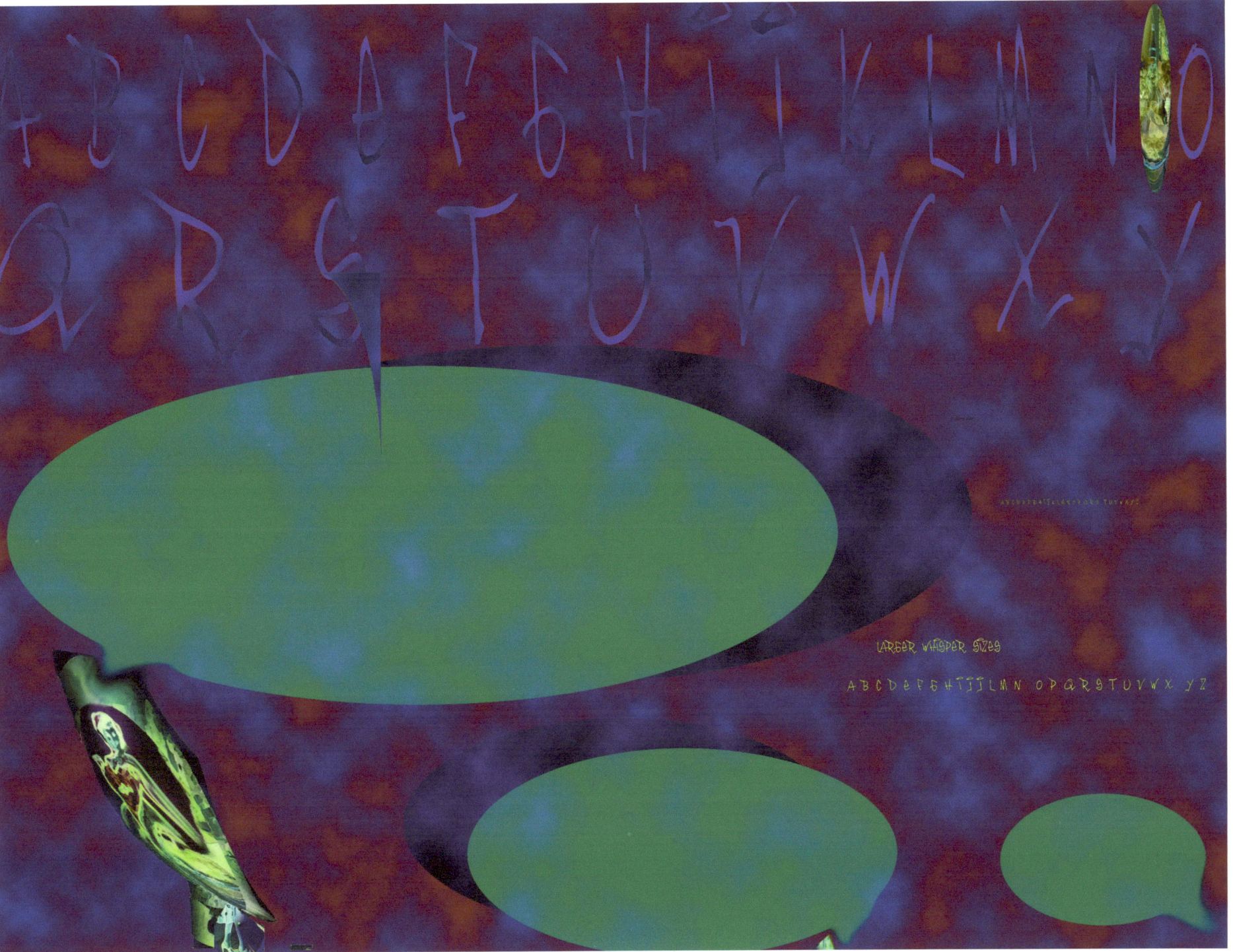

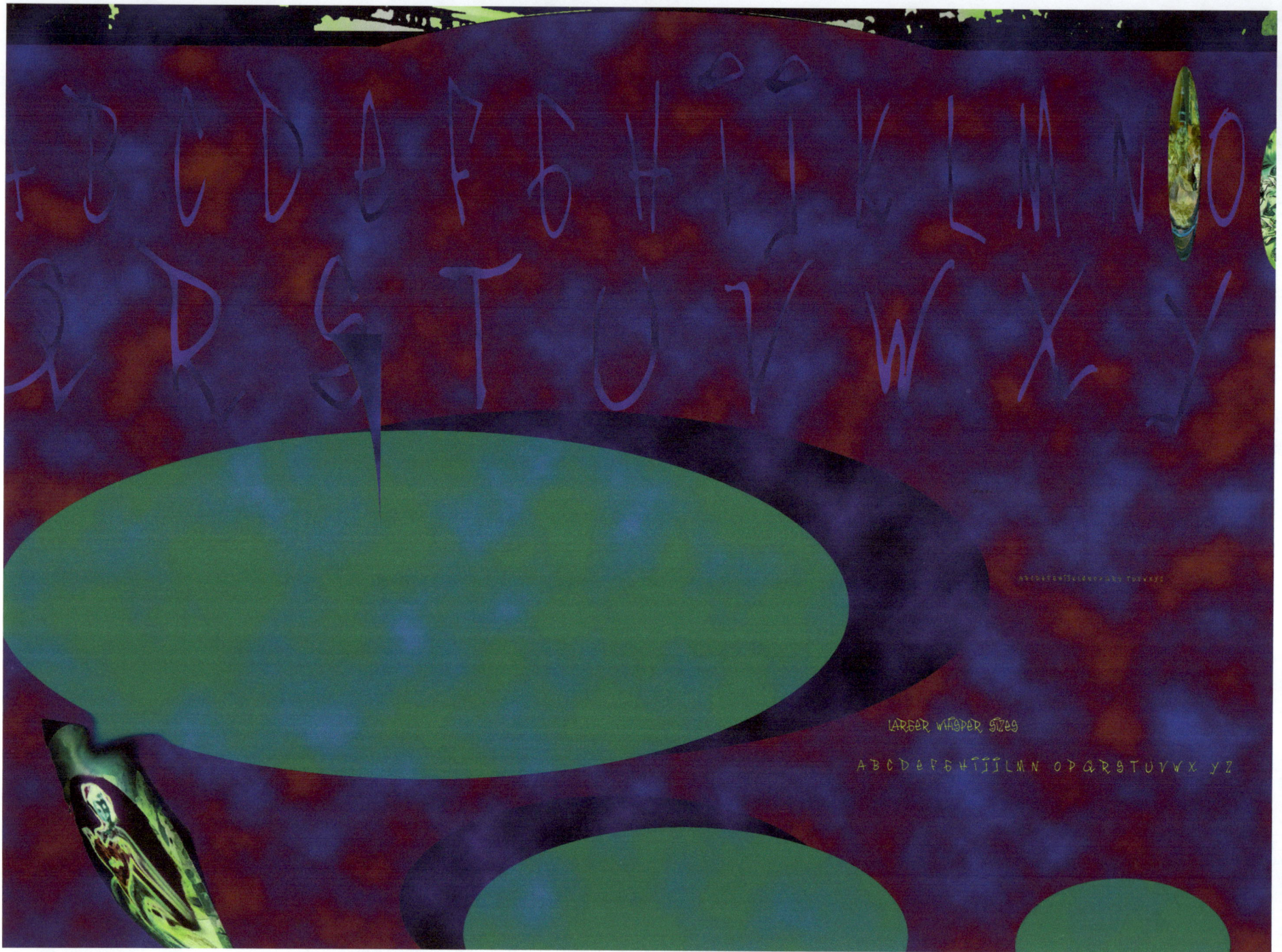

C D E F G H I J K L M N O
P R S T U V W X Y

LARGER WHISPER SIZES

A B C D E F G H I J J L M N O P Q R S T U V W X Y Z

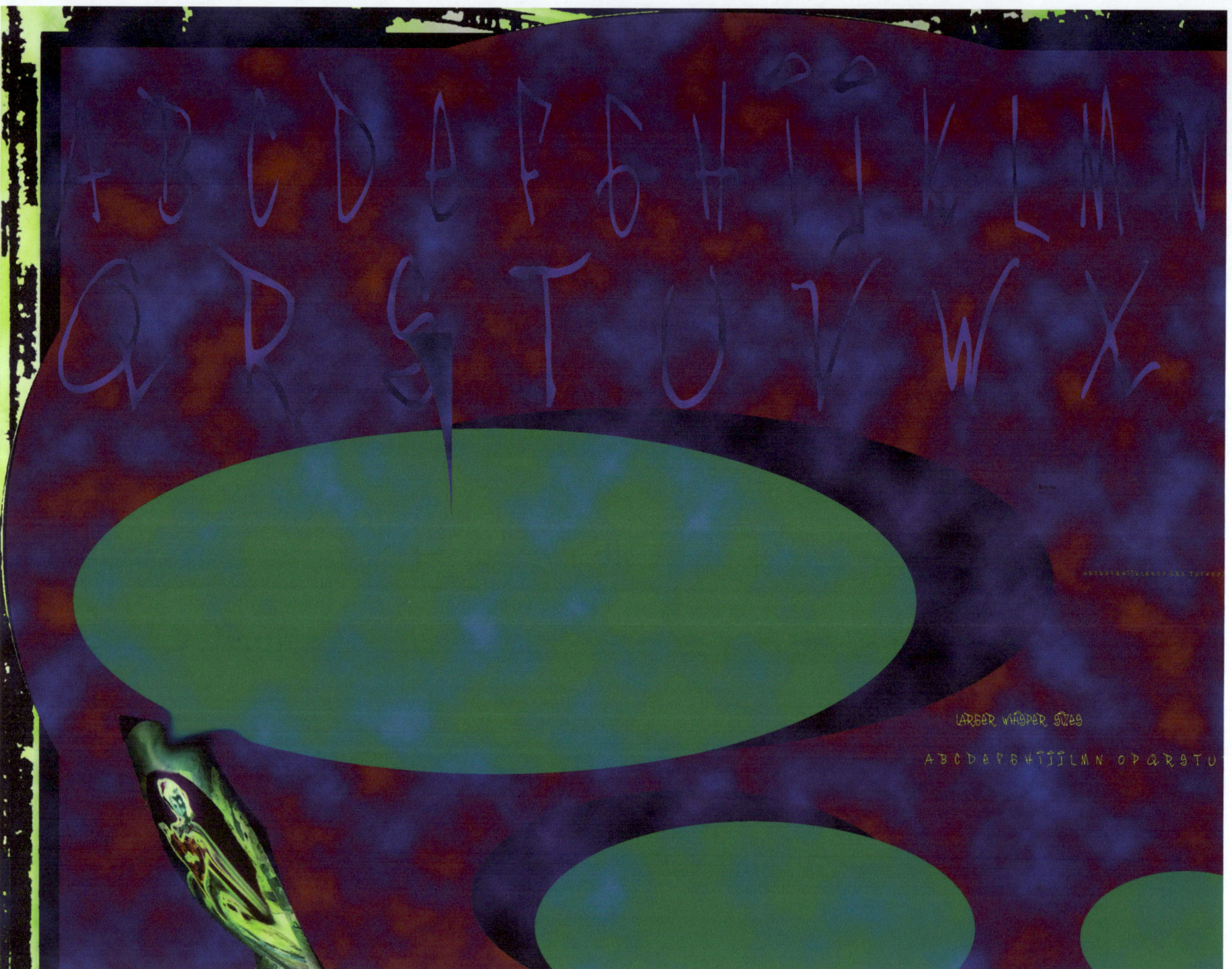

A B C D E F G H I J K L M N O
Q R S T U V W X Y

LARGER WHISPER SIZES

A B C D E F G H I J J L M N O P Q R S T U V W X

A B C D E F G H I J K L M N O
Q R S T U V W X Y

ABCDEFGHIJKLMNOPQRS TUVWXYZ

LARGER WHISPER SIZES

A B C D E F G H I J J L M N O P Q R S T U V W X Y Z

A B C D E F G H I J K L M N O
Q R S T U V W X Y

LARGER WHISPER SIZES

A B C D E F G H I J J L M N O P Q R S T U V W X Y Z

A B C D E F G H I J K L M N O
Q R S T U V W X Y

LARGER WHISPER SIZES

A B C D E F G H I J L M N O P Q R S T U V W X Y Z

A B C D E F G H I J K L M N O
P Q R S T U V W X Y Z

LARGER WHISPER SIZES

A B C D E F G H I J J L M N O P Q R S T U V W X Y Z

A B C D E F G H I J K L M N O
Q R S T U V W X Y

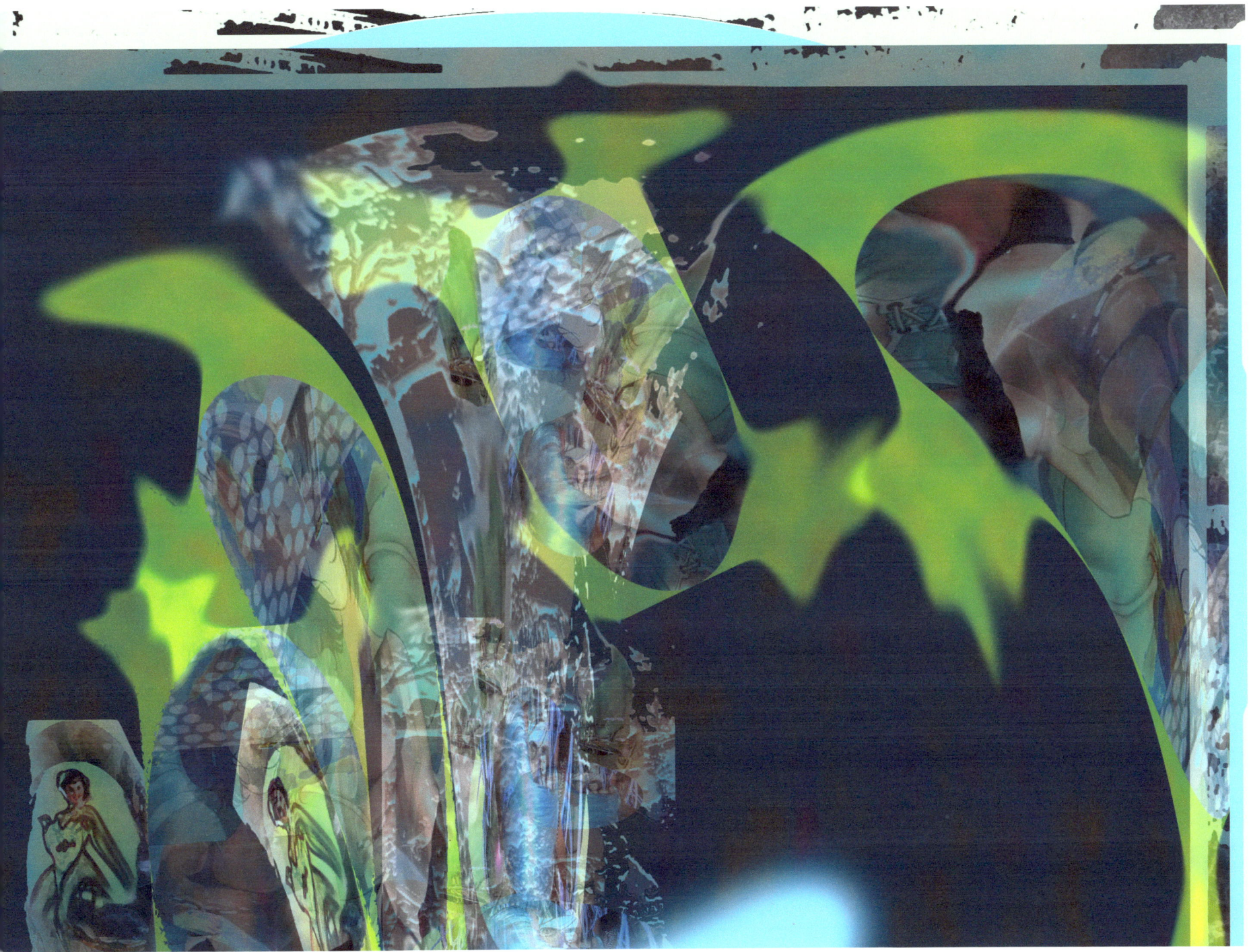

YXWVUTSRQPONML
IHGFEDCBA

ABCDeFGHIJKLMN
QRSTUVWXY

ABCDEFGHIJKLMN
QRSTUVWXYZ

I'd like to publish this book & larger photography books on 100% post consumer waste or recycled paper with plastic sheets between each paper page for collaging on. If you are a publishing house which wants to discuss these books with me please write me at andreartina@yahoo.com if yu're into poisioning water then you should research land fills which aren't as mean about film! or video eros & a variet tinglinging about porn on video which doesn't ppoision water or wear big boots while slommon snowboardintling on platform varietirites.

A B C D E F G H I J K L
Q R S T U V W

andrea arthena

www.ingramcontent.com/pod-product-compliance
Lightning Source LLC
Chambersburg PA
CBHW041325290426

44110CB00004B/145